教育フォーラム*68*
JAPAN SOCIETY OF HUMANISTIC EDUCATION

心の耕し
豊かでタフな人間性の涵養を

梶田叡一◎責任編集
日本人間教育学会◎編

金子書房

教育フォーラム68

特集◎心の耕し──豊かでタフな人間性の涵養を

C O N T E N T S

特集◎心の耕し──豊かでタフな人間性の涵養を

特　集

心の耕し
豊かでタフな人間性の涵養を

特集◎心の耕し──豊かでタフな人間性の涵養を

●

心の耕しを

●

梶田 叡一○かじた　えいいち

【コロナ禍での自粛生活の中で】…………………………………………

　新型コロナウイルスの蔓延の中で自粛自粛の生活が続く。旅行を楽しむこともできず，音楽会や各種イベントにも行けず，好みのレストランで食事を楽しむこともできず，友人たちと集まって談笑することもかなわず，カラオケもコーラスも楽しむことができず……といった窮屈な時期が続いている。これは日本だけのことでない。アメリカでもヨーロッパでもラテンアメリカでも，またインドや東南アジアでも，多くの人が基本的に同様の規制を受けていると報じられている。ワクチン接種が国民の大多数に行き渡るまでは，こうした自粛生活が，老若男女を問わず人々に余儀なくされることになる。1918年から1920年まで世界的に猛威をふるったスペイン風邪（H1N1亜型インフルエンザ）の世界的蔓延が収束までに丸３年かかったことを考えると，そして我が国でのワクチン接種がある程度行き渡るのが2022年初頭になりそうなことを考えると，今回の新型コロナウイルス禍も，もうしばらくの間，人々に窮屈な自粛生活を強いることになるのではないだろうか。

　自粛生活が続けば，人は欲求不満を積み重ねていくことになる。そうした中

で快活さが失われ，苛々することが多くなり，鬱的な気分となり，周囲の人とぶつかることも多くなる。これは自然な成り行きであるが，こうした流れを何とか撥ね退けて，意識的意図的にポジティブな要素を日常生活の中に入れていかなければならない。

　自粛生活は，確かに人を不活性にするが，他方では日常の多忙さから解放され，普段はおろそかにしている大切なこととじっくり取り組める，という利点がある。つまり，こうした自粛の時期だからこそ，〈我々の世界〉＝世の中を生きる他律的な生活から少しだけ身を引き，マイペースで自分自身に親しむ余裕も生まれてくるのではないだろうか。今ここで，この状況で，自分にやれることは積極的にやりながら，自分の気持ちを自分で支え，奮い起こすといった生活をしたいものである。自分の自由になる時間が以前より豊かにあるからこそ，普段スルーしがちな大事なことをやることができる，といった発想で対処したいものである。〈我々の世界〉に生きている平常の自分から距離を取って，自分が生きていく上での本当の基盤となる〈我の世界〉＝自分自身の世界に目を向けたい，ということでもある。

【「自己を耕す」ということ】……………………………………………

　自分自身に親しみ，自己内対話を重ねながら，自分自身を活性化させていこうとする際に大事なポイントとなるのが，「自己を耕す」という発想である。固まってしまっている自分を解きほぐし，閉ざされてしまっている自分を開かれたものにし，冷めきってしまっている自分を熱いものにする「耕し」を，自分自身に対して施したいものである。日常性の中に受け身の形で埋もれ込んだまま流されてしまいがちな自己に対して，その意識世界に新たな刺激を与え，無意識の本源的自己にまで届く揺さぶりを掛け，自己のあり方を生き生きとした能動的なもの，開かれたもの，熱あるものに転化させたいものである。こうした「耕し」を通じて，様々なものやことに対する自己の見方や考え方や意味付けを，新鮮なもの積極的なもの，より一層自我関与（エゴ・インボルブ）したものへと作り直したいものである。ミッシェル・フーコーの言葉を借りるなら，

こうした新たな自己の創出へと導く「自己のテクノロジー（自己対応の方策）」を積み重ねていくことこそ「自己を耕す」ということ，と言ってよいであろう。

「自己を耕す」ということは，強弱様々な体験を通じて感性を刷新し，活性化し，見るもの聞くもの触れるものから新鮮な刺激を受けるよう努めることである。自分自身の体験しているところを凝視し，その深化を図り，新たに揺さぶられ，新たな意味を見出すよう努めることである。自分自身の当面やるべきこと，やれることを探し出して焦点化し，そうした課題に取り組もうという挑戦的な気持ちを駆り立てるよう努めることである。こうした「耕し」は，惰性的な日常性を，ものぐさに陥りがちな消極性を，何とか乗り越えようという努力を通じてなされると言ってもよい。

【日常的な「自己の耕し」とは】………………………………………………

自粛を迫られる生活の日常における卑近で具体的な「自己の耕し」について，少し考えてみることにしよう。

リモート勤務が強調され気晴らしの数々の自粛が要請される中で，教師なら児童・生徒・学生との接触に気を遣い，リモート授業や部活動の制限などもあり，否応なく家籠もりを強いられる場合も出てくる。児童・生徒・学生の方もリモート授業があったり，課外活動が無くなったり，友だちと群れて遊ぶ機会が無くなったりしている。そうした中で，大人も子どももまずもって影響が出るのは，身体面での問題である。運動量がどうしても不足がちになり，生理的に不活性の状態に陥りがちになるのである。

心の基盤には身体があることを考えるなら，その諸機能を活性化させることが，「心の耕し」の土台となる作業として不可欠となる。具体的には，週に1回か2回ジムに通って様々な器具を使った運動をしてもいいであろうし，また水泳教室に時折通って泳いでくる，ということもいいであろう。しかし最も簡便なのは，体操である。私の場合，昔からのラジオ体操を身体が覚えてしまっている。第1体操と第2体操をやるだけでも，身体の諸機能がリフレッシュする感がある。こうした身体機能の活性化を，「自己の耕し」の1つ目のものと

考えていいであろう。

　さて，こうした土台の上に，最も日常卑近な「自己の耕し」となるのが，近所の散歩ではないだろうか。これは何よりもまず身体のためであるが，同時に自分の住んでいるところの周辺に四季折々こんな草木が生い茂り，こんな花が咲いている，と発見することであり，再確認することである。また時には近所の人と挨拶を交わし，近所の犬や猫と出会う，ということもあるであろう。さらには近所に建っている家々のたたずまいに改めて目が留まることもある。これを「自己の耕し」の2つ目のものとして挙げておきたい。

　日常生活での「自己の耕し」として，意図的な形でのテレビ視聴も挙げておきたい。特に諸外国のニュースやドキュメンタリーの視聴は，意識世界への揺さぶりとして貴重なものではないだろうか。日常見慣れたものとはどこか違う風景，食べ物，人々の立ち居振る舞い，といったエキゾチックなものに触れるだけでもいい。また，自分の生きている場所とは違うところでこんなことが起こっているのか，あるいは起こったのか，ということを垣間見るだけでもいい。もちろん，世界各国の動きの中に自分の住む日本という国や社会の現状を位置づけてみるきっかけとなれば，しめたものである。これを「自己の耕し」の3つ目のものとして考えておきたい。

　自粛自粛で家籠もりの時間が長くなり，狭い意識世界に閉じ込められがちにならざるをえないが，こういうときにこそ世界各地で現在何が起こっているか，過去に何が起こったかに，意識を拡大したいものである。NHKのBS放送が日々の海外ニュースや海外制作のドキュメンタリーを提供してくれている。特に中東のアルジャジーラのニュースなどは得難い情報である。またCS放送を契約しておけば，そのまま海外の放送を視聴することができる。私も，アメリカのCNNやイギリスのBBC，フランスのTV5，中国の大富，韓国のKBSなどは，このところほぼ毎日，短時間であっても視聴することにしている。日本のテレビ各局が報じない角度からの報道が，それぞれの国特有の雰囲気なり色彩なりを漂わせながら，我々の意識世界に届くのは有り難いことである。

　家でやる「自己の耕し」として，4つ目に，音楽のことも忘れてはならない

であろう。音楽を日常生活の中で楽しむ習慣を持つ人は少なくない。私自身もナツメロやクラシック音楽，韓国のパンソリ，日本の雅楽，琴や尺八などの音楽を，CDで，あるいはラジオやテレビで聞くことが日常生活の一部となっている。自粛生活でなければ時に各種のコンサートに行くのも楽しみである。いずれにせよ，音楽は我々の意識世界をリフレッシュし，また新たな意識の色調に導いてくれる。さらには無意識の本源的自己にまで届く揺さぶりともなる。「自己の耕し」として非常に大切なものであろう。

　日常生活における「自己の耕し」として，5つ目に，周囲の親しい人とのおしゃべりを大切にすることも考えておきたい。自分の話したいことを互いに語るだけでよい。黙ってばかりの時間を過ごすのは，まさに「腹ふくるる」ことである。家族や友人と直接に話し合う機会を作ることに努めたいものである。また，電話やテレビ電話でもいいしメールの交換でもいいから，離れて住む人とのおしゃべりも楽しみたいものである。

　そして「自己の耕し」の6つ目として，読書を挙げておきたい。様々な本を読みふけることは，自分自身の意識世界に対する最大最高の「耕し」と言っても過言ではないであろう。時間的に余裕があれば，古事記や万葉集，源氏物語，枕草子，方丈記，平家物語，などの古典にも，海外の古典や名作として定評があるものにも目を通したいものである。また，日本や海外の現代小説や評論についても，広く目配りしたいものである。読書による「自己の耕し」については，後で，もう少し具体的に考えてみることにしたいと思う。

　いずれにせよ，ここで挙げたような各種の「自己の耕し」は，何よりもまず，大人である我々自身にとっての課題である。と同時に，自分の家庭の子ども，また教師であれば自分の担当する子どもたちにとって，こうした自粛が強いられる時期に特に課題とすべきものである。子どもたちが小学生，中学生，あるいは高校生や大学生であるとすれば，こうした「自己の耕し」についての助言や指導の具体は，発達段階に応じてやっていかなければならない。しかしながら，何よりもまず大人である我々自身が，日常生活の中でこうした「自己の耕し」に努めていくことが，助言や指導の不可欠な前提となるのではないだろうか。

【読書による「自己の耕し」について】…………………………………

　最近は，大人も子どもも，読書をあまりしなくなっていると言われることが多い。大人も子どもも，毎日毎日やらねばならぬことが多過ぎて，ゆっくり書物を手に取るなどという余裕が時間的にも精神的にもない，ということなのであろうか。さらにはパソコンやスマホを使って大事な語句の検索がすぐにできたり，古典のサワリだけを手軽に見てみたり，いま話題となっている小説やエッセイの一部なり全部なりに目を通すことができたり，といった時代に，今さら紙媒体の本を手に取ってみるなんて，という気風が拡がっていることもあるであろう。しかし，やはり本という形をとった古くからの情報パックは，軽々に捨て去って良いものではない。自分自身の精神を養うには，本を読む習慣を持つことが不可欠なのである。いずれにせよ，普段から読書の習慣を持つ人はもとより，あまり読書の機会を持たなかった人にとっても，外に出ることが少なくなる自粛生活は，もう一度読書に目を向けてみる絶好の機会となるのではないだろうか。

　もちろん，一つの義務として本を読まねばならない場合がある。学校の教師なら，自分が授業しなくてはならない内容について下調べをするような場合もそうである。教材研究などのための読書である。児童・生徒や学生なら与えられた課題について作文やレポートを書くために関連の本を読む，ということもあるであろう。自粛生活の下では，こうした読書にも格段に力を入れて取り組みたい。しかしながら，義務感にかられてだけの読書では，深い没頭もできないし，長続きもしない。何のためにこの本を読むのか，この本から自分は何を読み取りたいのか，といった自問自答を繰り返しながら，自分なりの課題意識をはっきりさせて読むということを心がけたいものである。

　こうした読書とは別に，いろいろな意味で興味をひかれる本を手に取って，気楽に頁を開いてみる，ということも心がけたいものである。私自身は今の時期，時間的な余裕がある時には，現代の作家や評論家の書いた読みやすい本を再読することが多い。

　たとえば最近，山本七平の『日本人とは何か。』（祥伝社，2006年）と高橋た

か子の『終りの日々』（みすず書房，2013年）とを読み直してみている。山本
七平の本の方は各地での講演記録を集めて整理したもの，高橋たか子の本の方
は，その晩年に日々の思いを書き留めておいたものを良き協力者が遺稿集とし
て刊行したものである。いずれも読みやすく，どこからでも読み始めることが
できる本である。何故，この２人の本を同時に読んでみているかというと，２
人とも若い頃から欧米の精神文化に学び，特にキリスト教的な精神に深く参入
した人であるという共通の土壌を持っているのに，日本人の伝統的な精神性に
対する姿勢が，さらには日本という社会的共同体に対する態度が，正反対と言
えるほど対照的なものになったからである。ちなみに，山本七平は三代目のク
リスチャンとしてキリスト教的世界で育ち，終生クリスチャンとして生きた人
であり，高橋たか子は京都大学のフランス文学科で修士課程まで学び，夫との
死別後の40歳代にカトリックの洗礼を受け，一時期修道女にもなったほどの
人である。

　山本七平は旧日本軍の下級将校としての生活体験で味わった強烈な違和感を
土台に，閉ざされた世界で増幅された歪んだ日本的伝統が日本を無謀な戦争に
まで至らせた元凶であると痛感する。そして，これからの日本人は国際的に開
かれた真の国際人にならなくてはならないと考え，そのためには，何よりも
まず自分自身に欠けていた日本の伝統や文化の優れた面の学びを，との思いに
至る。自分自身を含め日本社会に生きている人たちを見えないところで規定し
ている伝統や文化を自覚化することが不可欠であると気づくのである。それに，
国際人として他国の人たちと一緒に仕事をするにしても，その人たちの日本に
対する興味や疑問に答えられないのではどうにもならない，とも考えるのであ
る。そして江戸時代の様々な思想家について学ぶだけでなく，古事記や日本書
紀にまで手を伸ばして自分なりに吟味検討を続けていく。

　ところが高橋たか子は，日本人や日本社会への違和感がどんどん高じていっ
て嫌悪感とでも呼ぶべき域にまで達し，フランスに行ってフランス人と話して
くるだけでホッとする，という晩年を迎えている。そして生まれ変わることが
できるならフランス人に生まれたい，とまで言うに至るのである。彼女は文学

部の出身であるが，日本の古典や伝統文化に対する関心はいささかも見られない。1971年に若くして亡くなった夫君は作家・高橋和巳であり，また彼女自身も中年以降は次々と小説を書いて発表するという旺盛な作家活動を行ったにも関わらず，晩年の彼女には日本の現代文学に対する関心さえも窺われないのである。

　こうした正反対とも見える2人の精神の軌跡はどこから来るのか，というこだわりを持って2冊の本を読み直しているわけである。ある意味では物好きな興味関心の持ち方と言っていいであろう。しかし，許される状況では，義務感からだけでなく，物好きな興味関心のまま次々と本に手を伸ばしてみる，ということが大切ではないだろうか。

　「心の耕し」とは，繰り返すようであるが，固まってしまい，閉ざされてしまい，冷えきってしまった自分自身の心＝意識世界のあり方に気づくところから始まる。そして，そうした自分自身に新たな揺さぶりや刺激を与えて，心を活性化させ，広い世界に目を開かせ，新たな関心や意欲，さらには希望や志で熱くさせていくことである。

　自粛生活という不活性を強いられがちな時期を，そうした「自己の耕し」の必要性に気づく絶好の機会として捉え，新たな気持ちで自分自身の「心の耕し」を試みたいものである。またこれと同時に，自分自身の周囲にいる子どもたちに対しても，こうした「心の耕し」の必要性に気づかせ，具体的な術を助言していきたいものである。

特集◎心の耕し──豊かでタフな人間性の涵養を

●

心の耕しと人間性の涵養

●

古川　治○ふるかわ　おさむ

1　耕しと心田の耕し

　テーマは「心の耕しと人間性の涵養」である。述べるべき内容は心の耕しを通して新学習指導要領が求める資質・能力の三つの柱の一つに新しく設定された「学びに向かう力，人間性の涵養」をどのように図るかという課題であり，特に「人間性の涵養」は言葉を換えれば「豊かな人間性を育てる」ということであるともいえる。それにはまず，「心を耕す」ことが必要であると考え，はじめに「心を耕す」とはどのようなことであるかを明らかにし，その上でいかに「人間性の涵養」を図るかについて述べたい。

　まず，「耕し」から考えてみよう。多くの辞典によると「耕し」とは，「耕すこと」とある。『日本国語大辞典』（8巻，小学館，1984，p.823）によると「耕し」とは，「春，野菜の種を蒔いたり，苗を植えたり，苗を植える前に田畑をすき返したりすること。たがえし。春の耕しは，冬至より五十五日に当たる時分，菖蒲の初めてめだつを見て耕し始まる物なり」とある。田や畑そして荒地

を耕し，豊かな作物や果実を実らせることである。さらに，耕す時期は，「冬至より五十五日に当たる時分」と述べていることは，人間の育ちにおいても幼年期から少年期，青年期に心を耕し始めれば，心がほぐれ，活性化し未成熟な心が成熟し，心が元気であたたかく豊かになるという，大切な時期であることを暗に述べているようである。

医師の日野原重明は，心を耕すことを『いのちの言葉』(日野原，2002，p.236)の中で，「心田」と呼んでいる。「心を田んぼになぞらえた，心田という言葉がある。私たちの心は時に，草ぼうぼうで石がゴロゴロ転がった荒れ放題の田んぼになってしまう。荒れてしまった心田は，また一から土を掘り起こし，鍛錬するしかない。自分の心は，自分で耕すしかないのである。よく耕された，豊かな土地に蒔かれた種のみが，多くの実を結ぶ」，と語っている。そういえば，私たちの生活も毎日の忙しさの中で，心が固く冷たい荒地になっていく時があるので，毎日を振り返り，「心田」をほぐし自分の心を耕すことを忘れないようにすることが大切ではないか。

2　ブッダに見る心の耕しと温かい心

心の田を耕すことについて，『ブッダのことば──スッタニパータ』(中村訳，1984，p.23) の中に釈尊の次のような話がある。

　ブッダは托鉢でマガダ国のある村におられた。その時，田を耕すバラモン・バーラドヴァージャは食物を配給していた。ブッダが食物を配給しているところに近づくと，バーラドヴァージャはブッダに告げました。「道の人よ。わたしは耕して種を播く。耕して種を播いたあとで食う。あなたもまた耕せ。また種を播け。耕して種を播いたあとで食え」と。
　（ブッダは答えた）「バラモンよ。わたくしもまた耕して種を播く。耕して種を播いたあとで食う」と。
　（バラモンがいった）「しかしわれらは，ゴータマさんの軛も鋤も牛も見ない。

それなのに，わたくしもまた耕すをして種を播く。耕して種を播いてから食う」という。そこで，田を耕すバーラドヴァージャは師に呼びかけた。「あなたは農夫であるとみずから称しておられますが，われらはあなたが農耕をするのを見たことがない。」

　（ブッダは答えた）「わたしにとっては，信仰が種である。苦行が雨である。知恵がわが軛と鋤とである。心が縛る縄である。気を落ち着けることがわが鋤先である。身をつつしみ，ことばをつつしみ，食物を節して過食をしない。わたしは，真実をまもることを草刈りとしている。努力がわたしにとっての牛であり，安穏の境地に運んでくれる。退くことなく進み，そこに至ったならば，憂えることがない。この耕作はこのようにされ，甘露の果実をもたらす。この耕作が終わったならば，あらゆる苦悩から解き放たれる。その時，バーラドヴァージャはゴータマにいいました。「あなたは耕作者です。ゴータマさんは甘露の果実をもたらす耕作をなさるのですから。」

　この話は，毎日の生活の忙しさに紛れて，心が荒地のように冷たく固くなっている我々に，ブッダが「田を耕す」とは「心を耕す」ことであることを説いている。訳者の中村は『温かなこころ』（1999, p.20）の中で仏教は人間関係でいうなら，他人との対立を離れて他人に対する温かい共感の心が大切であるという。この他人に対する思いやりの心が慈悲であると述べている。そして，中村は一般的に言われることとして，仏教は生きとし生けるものに対して暴力を用いない。慈悲の理想的な姿は，母の慈悲にたとえられる。スッタニパータの中にある言葉であるが，「あたかも母がおのがひとり子をいのちを懸けて守るように，一切の生きとし生けるものに対しても，無量の慈しみの心を起こすべし。怨みなく敵意のない慈しみの心を，立ちつつも歩みつつも座しつつも臥しつつも，眠らないでいる限りは保つべし。」（pp.25～26）と生きとし生けるものに対してよき人であれと説いている。

　さらに，中村は我々に財がなくとも人への施しをして人を助けることができると無財の七施について次のようにいう。「雑宝蔵経というお経には，無財の

七施がある。第一に眼施。人を見るときに人を憎まないで，常に好ましい眼差しをもって他者を見る。第二に和顔施。和やかな顔をする。人々に対して嫌な顔つきをしない。第三は言辞施。荒々しい言葉を出さないで，他人に対して優しい言葉をかける。他人に対して愛のこもった言葉を述べる。第四は身施。他人に対して身をもって尊敬の態度で示すこと。第五は心施。よい心をもって他人と和らいでよいことをしようと努めること。第六は床座施。他人のために座席を設けて座らせること。第七は房舎施。他人を自分の家に自由に泊まらせること。(現在では，これを実行することは困難である) インドの古典では，客人を神として敬うという教えがあるようである。」(中村，1999)。

　このような無財の七施ができれば，他人に対して温かな心で応対することができるのではないだろうか。我々指導者がまず実践し，子どもたちにもこのように「心田」を耕し，七施の実践を通して温かい心を育てるように，特に学校の特別活動や道徳教育など教育活動の中で培いたい。例えば，いじめをなくすために山口県教育委員会（平成20年３月）は，いじめを生まない小学校指導資料の名称を『心を耕す──子どもたちの心豊かな成長を願って』として発刊している。坂村真民の詩「二度とない人生だから」(1999, p.153) という理想をめざした生き方にいくばくかでも近づいていくことができれば，私たちの心も耕せるようになるのではないか。

二度とない人生だから

　二度とない人生だから

　一輪の花にも

　無限の愛を

　そそいでゆこう

　一羽の鳥の声にも

　無心の耳を

　かたむけてゆこう

二度とない人生だから
一匹のこおろぎでも
ふみころさないように
こころしてゆこう
どんなにか
よろこぶことだろう

二度とない人生だから
一ぺんでも多く
便りをしよう
返事はかならず
書くことにしよう

二度とない人生だから
まず一番身近な者たちに
できるだけのことをしよう
貧しいけれど
こころ豊かに接してゆこう

二度とない人生だから
つゆくさのつゆにも
めぐりあいのふしぎを思い
足をとどめてみつめてゆこう

二度とない人生だから
のぼる日しずむ日
まるい月かけてゆく月
四季それぞれの

星々の光にふれて
わがこころを
あらいきよめてゆこう

二度とない人生だから
戦争のない世の
実現に努力し
そういう詩を
一篇でも多く
作ってゆこう
わたしが死んだら
あとをついでくれる
若い人たちのために
この大願を
書きつづけてゆこう

3　「人格の完成」と「我々の世界」と「我の世界」

　以上のように，心を耕していけば「こころ豊かに接していく」人間性の涵養
が実現できるのではないかと考えたい。しかし，それでは，涵養すべき「人間
性」とはどのようなものかを明らかにしておかなければならない。辞書による
と「人間性」とは，「人間として生まれつき備えている特有の性質。人間らしさ」
（『日本国語大辞典』小学館）とある。一般的には，自己中心的ではなく，他人
を思いやる利他的精神を持ち，自己コントロールできる人を「人間性豊かな人」
というのではないだろうか。

　さて，近代の教育学の始まりにおいて「人間性」は，自然人になることを理
想とする考え方と，人間としてあるべき姿に形成する考え方の二派に大きく分
けられる。

　生越達は「ルソーのように文明の拘束から解放された自然人を人間の本性と
とらえる立場からは，ペスタロッチの児童中心主義のような子どもに内在する
力に即した発達を重視する教育観が生み出される。他方，人間のあるべき姿を
強調する立場からは，カントが示しているように人間形成（陶冶）における教
育の役割が重視されることになる」と人間の本質を分けている（生越，1993，
p.309）。このように，人間性のとらえ方の相違は，教育観の相違にも関係して
いる。人間性の考え方については，罪を背負い，そこから神意の実現へと人間
として努力をしていく点を人間性の本質ととらえるキリスト教の考え方も無視
できないが，ここでは近代教育学の基となったギリシャの考え方以来伝統的な
人間の理性に重きを置き，人間を英知人としてとらえ，模範像をめざして人間
像を作ることととらえたい。教育を通して人間形成（陶冶）を図るカントの立
場に立ちたい。さすれば，古代ギリシャの伝統を受け継ぎ16世紀の西欧で教
育学を確立した教育者コメニウスが『大教授学』第6章の章題として「人間は
人間になるべきであるなら，人間として形成されなくてはならないという格言
を掲げ，『人間は人間性に向かって形成されなくてはならない』と述べ，めざ
す人間性の形成とは，ラテン語のフマニタス（humanitas）という言葉で言い
表される人間に課せられた理想であり，意識的・意図的に形成されなければな
らない教養や人間としての品位を，形成していかなければ身に付かない」(尾田，
1993，p.307）と，人間と動物を切り分け理論化する立場をとるのは妥当な考
え方である。

　カントの『教育学』にある有名な言葉として，「人間とは，教育されなけれ
ばならない唯一の被造物である。人間が教育によってはじめて人間になること
ができる」「教育の背後には，人間性の完成という偉大な秘密が潜んでいる」
（尾渡訳，1966，p.13）という言葉があるように，「人間性」は生まれてくれば
自然に身につくものではなく，世界市民という普遍的な理想の実現をめざして，
教育を通して人間形成（陶冶）するものなのである。以上のようにカントの考
え方を基にすると，教育という営みは人間形成論でもあると言える。

　さて，戦前の子どもたちの個性や人間性を尊重しない教育に代わって，戦後

の民主主義教育は子どもたちの個性や自主性を大切にして,「人格の完成」という人間教育を掲げるようになった。それは1947年に教育基本法が制定され,まず初めの第1条で「教育は,人格の完成を目指し,平和で民主的な国家及び社会の形成者として必要な資質を備えた心身ともに健康な国民の育成を期して行われなければならない」という「人格の完成」を目指す人間教育を重視した教育目標を掲げた。その成立過程を見てみると,教育基本法を検討した終戦後の教育刷新委員会では,意見が分かれた。保守派は個人の完成に重きを置くと,自分自身のためということになると反対したが,進歩派は個人の自由というものを尊重する精神が教育の基盤になければならないので「人間性の開発」がよいと主張した。その結果,最終的には個人の完成を主たる内容とする「人格の完成」という表現に落ち着いた。「人格の完成」は現実の社会に対応しつつも,緊張関係を持って主体的な自己を育てる営みである。「人格の完成」とは,社会に対応できる普遍的な価値を持った人間に育てることであるともいえる。したがって,「人格の完成」を目指す学校教育の理念の下では,学力競争や学歴主義を重視する非人間的な教育であってはいけない。学校教育で学んだ知識や技能や思考力や判断力が,自分自身の認識世界を深化させ,主体性を確立し,自分自身の人生を自ら引き受け,誠実に生きていく「個人の価値」を高めていく教育でなければならない。「人格の完成」という教育方針は,つまるところ,一人ひとりの持てる潜在的な可能性の全面的な開花,つまり自己実現を図る教育である「人間を育てる教育」であるともいえる。「人間教育」を提言してきた梶田は,人間形成の重要性について,「人間教育研究協議会」(現在の日本人間教育学会の前身)を発足させた際に,「現在の学校教育がはらむ息苦しさから子どもを解放していくこと,もう一つは,現在の学校教育で決定的に不足している人間的成長の面を重視していくこと」(梶田,1989, pp.3〜4)と警鐘を鳴らし,あえて学校教育を「人間教育」として実現することとして提言している。

4 心田を耕し，真・善・美を磨く

　それでは，これまで述べてきた人間性に関する考え方を踏まえて，2017年3月に文部科学省から告示された学習指導要領で，「学びに向かう力，人間性の涵養」についてどのように説明されているのか確認しておきたい。今回の新しい学習指導要領では，育成すべき資質・能力として三本柱を提示した。第一番目は「知識・技能」。第二番目は「思考力・判断力・表現力」等。第三番目が，「学びに向かう力，人間性の涵養」である。「学びに向かう力，人間性の涵養」の説明は「言葉を通じて，社会や文化を創造しようとする態度，自分のものの見方や考え方を広げ深めようとする態度，集団としての考え方を発展・深化させようとする態度，心を豊かにしようとする態度，自己や他者を尊重しようとする態度，自分の感情をコントロールして学びに向かう態度，言語文化の担い手としての自覚」が挙げられる（文部科学省，2018，p.50）。

　梶田は人間が主体的に生きるためには，「我々の世界」と「我の世界」の両立が必要であると提言しているが，上記の学習指導要領では「我の世界」に関しては「自分のものの見方や考え方を広げ深めようとする態度」「心を豊かにしようとする態度」「自分の感情をコントロールして学びに向かう態度」であり，他方「我々の世界」に関しては「自己や他者を尊重しようとする態度」「社会や文化を創造しようとする態度」「集団としての考え方を発展・深化させようとする態度」の二面が織り込まれている。梶田が言う「我々の世界」とは，人々と手を繋ぎ支えあって自分の社会的義務を果たす力であり，①周囲の人と共有の世界を生きる力，②自分の社会的立場・役割を自覚しつつ生きる力，③周囲の人たちに承認され，支持されつつ生きる力のことである」（2016，p.4）。「我の世界」を生きる力とは，「自分自身を拠り所として精神的な一人旅」をする力（梶田，2016，p.68）であり，①世間的価値観の相対化，②自分自身の実感・納得・本音尊重，③自己内対話の習慣の三つの土台が必要である。梶田は将棋にたとえて人に使われる主体性のない「駒」として生きることも多い現状の中

でこそ，主体的な生き方として「指し手」にならなければならないと言う。金
川智恵も，「駒」とならずに「指し手」として，「我の世界」を生きる力が求め
られているとして，現代の子どもたちにあるべき態度を次のように述べている。

　昨今の子どもたちの対人関係における問題を鑑みると，人間の成長を考え
る上で，「我々の世界」を生き抜く力の涵養は喫緊の課題に思われる。しかし，
「我々の世界」は「我の世界」を生きる力があらばこそ，生きていける。「我
の世界」を生きる力とは，「自分自身を拠り所として精神的な一人旅」をす
る力」である。……自分自身を拠り所にできることで，社会の「駒」になる
ことを回避できる，社会の「駒」として埋没してしまわない。（金川，2021,
pp.43～44）

　さて，「我々の世界」と「我の世界」を踏まえて，学習指導要領の「学びに
向かう力，人間性の涵養」について，再度考える。今回の新しい学習指導要領
では，育成すべき資質・能力として三本柱を提示したが，第三番目の「学びに
向かう力，人間性の涵養」は，情意的な能力である。つまり，「学びに向かう力，
人間性の涵養」は，自分起点の意欲や志によって獲得した学びを人生や社会に
生かそうとする力であり，「知識・技能」「思考力・判断力・表現力」を稼働さ
せる力を持ち合わせていると捉えることができる。

　それでは，なぜ今回「学びに向かう力，人間性の涵養」が目標に掲げられた
のか。このことの説明が，文部科学省の指導資料「新しい学習指導要領の考え方」
（文部科学省，2017）になされているので，この説明から根拠を探究してみる。

　〇人工知能がいかに進化しようとも，それが行っているのは与えられた目的
の中での処理である。一方で人間は，感性を豊かに働かせながら，どのよう
な未来を創っていくのか，どのように社会や人生をよりよいものにしていく
のかという目的を自ら考え出すことができる。多様な文脈が複雑に入り交じっ
た環境の中でも，場面や状況を理解して自ら目的を設定し，その目的に応じ

て必要な情報を見いだし，情報を基に深く理解して自分の考えをまとめたり，相手にふさわしい表現を工夫したり，答えのない課題に対して，多様な他者と協働しながら目的に応じた納得解を見いだしたりすることができるという強みを持っている。

○このために必要な力を成長の中で育んでいるのが，人間の学習である。…新たな価値を生み出していくために必要な力を身につけ，子供たち一人ひとりが，予測できない変化に受け身で対処するのではなく，主体的に向き合って関わり合い，その過程を通して，自らの可能性を発揮し，よりよい社会と幸福な人生の創り手となっていけるようにすることが重要である。

○……社会や産業の構造が変化し，質的な豊かさが成長を支える成熟社会に移行していく中で，特定の既存組織のこれまでの在り方を前提としてどのように生きるかだけではなく，様々な情報や出来事を受け止め，主体的に判断しながら，自分を社会の中でどのように位置付け，社会をどう描くかを考え，他者と一緒に生き，課題を解決していくための力の育成が社会的な要請となっている。

（文部科学省，2017）

この部分については杉浦健が『教育フォーラム63号』（2019，pp.152〜156）で論及している。

杉浦は，何故「学びに向かう力，人間性の涵養」が求められているかについて，「人工知能の発展など急速に変化する社会において，人間にしかできない営みをできる力を身につけることが新しい時代を生きていくための資質・能力，すなわち『生きる力』になるということであり，それこそが人間性の涵養だということである」。「『新しい学習指導要領の考え方』では，この『学びに向かう力・人間性等』について，それが『新しい時代に必要となる資質・能力』であり，『学びを人生や社会に生かそうとする』ことであり，『どのように社会・世界と関わり，よりよい人生を送るか』であるとまとめられている。」と総括している。

つまり，梶田の人間教育に置き換えると，「我々の世界」をよりよく生きるためには，自分の人生である「我の世界」を自分自身を拠り所として精神的な

一人旅をする力をつけるために，「体験活動を通じて様々な物事を実感を伴って理解したりして，人間性」（中央教育審議会，2016，p.53）を豊かにし，「生きる力」を育てることが重要であると結論づけられる。

　こうしてみてみると，学習指導要領にある人間性の涵養の内容である「心を豊かにしようとする態度」，「自己や他者を尊重しようとする態度」，「自分の感情をコントロールして学びに向かう態度」は，人間性を身に付けることができるよう，大地に自然に水がしみ込むように育てるという意味に捉えられるが，そうではない。今回の学習指導要領の目標に掲げられた「人間性の涵養」とは，鎌田が言うように「『育成』には『習得』より格段に強い学習者の意欲と主体性が求められるが，『涵養』にはその『育成』よりも格段に強い学習者の意欲と主体性が求められる」（鎌田，2019，p.20）という理解は，的を射ている。

　今回の新しい学習指導要領では，育成すべき資質・能力として三本柱を提示したが，第三番目の「学びに向かう力，人間性の涵養」という目標は最終的に実現したい目標であり，自分を耕し意欲や志によって獲得した学びを人生や社会に生かそうとする力であり，「知識・技能」「思考力・判断力・表現力」を稼働させる力を持ち合わせている力である。カリキュラム・マネジメントやアクティブ・ラーニングなどを通して「知識・技能」「思考力・判断力・表現力」を育てつつも，最終的な目標として実現をめざす目標である。

　世の中で，「人間性が豊かだなあ」と思える方々は，茶道，書道，合気道，柔道，能・狂言などの伝統文化の練達，また仏像，絵画，音楽等の芸術鑑賞，あるいはお寺での法話や教会での集いなど多様な場所で，さらに座禅や瞑想を通して自らを振り返り，ブッダの言うように「気を落ち着け，身をつつしみ，ことばをつつしみ，真実をまもり，退くことなく進む努力」を重ね，「心田」を耕している方々である。「心田」を耕し，真・善・美を磨く場所は多く用意されている。

　例えば，日本の社会教育法の20条には，「公民館は，市町村その他一定区域内の住民のために，実際生活に即する教育，学術及び文化に関する各種事業を行い，もつて住民の教養の向上，健康の増進，情操の純化を図り，文化生活の振興……を目的とする」と規定されている。心を耕すについて述べた際，取り

上げた「二度とない人生だから」を著した坂村真民も，毎朝，暁の時間に座禅を組み厳しく「知を磨き，情を磨き，意を磨き」心田を耕し，人間性の涵養に努めた。忙しい教職員の方々においても，日頃の学校での社会に役立つ「人材育成」だけではなく，教育活動がめざす最終目的は人間を育てる「人間教育」であることを自覚して，無財の七施を実践し，豊かな人間性を身に付け，教育活動に取り組んでいただきたい。

参考文献

中央教育審議会「幼稚園，小学校，中学校，高等学校及び特別支援学校の学習指導要領等の改善及び必要な方策等について」2016，p.53

日野原重明『いのちの言葉』春秋社，2002，p.236

梶田叡一『人間教育のために』金子書房，2016，p.4，p.68

梶田叡一「人間的な教育とは何か」人間教育研究協議会編・梶田叡一責任編集『教育フォーラム４』金子書房，1989

鎌田首治朗「学校の授業を通じて人間性を涵養するということ」梶田叡一責任編集・日本人間教育学会編『教育フォーラム63』金子書房，2019，pp.3-4

金川智惠「社会・人との関わりと人間の成長」杉浦健・八木成和編著『人間教育の基本原理』ミネルヴァ書房，2021，pp.43-44

カント著，尾渡達雄訳『カント全集　第16巻』理想社，1966，p.13

文部科学省編　『小学校学習指導要領総則』東洋館出版，2018，p.50

文部科学省「新しい学習指導要領の考え方」
　https://www.mext.go.jp/a_menu/shotou/new-cs/__icsFiles/afieldfile/2017/09/28/1396716_1.pdf

中村元訳『ブッダのことば──スッタニパータ』岩波書店，1984

中村元『温かな心』春秋社，1999

尾田幸雄「人間形成」安彦忠彦ほか編『現代学校教育大事典』ぎょうせい，1993，p.307

生越達「人間性」安彦忠彦ほか編『現代学校教育大事典』ぎょうせい，1993，p.309

坂村真民『詩集　二度とない人生だから』サンマーク出版，1999，p.153

杉浦健「そもそも『学びに向かう力・人間性の涵養』とは何か」梶田叡一責任編集・日本人間教育学会編『教

　育フォーラム63』金子書房，2019，pp.152-156

山口県教育委員会編著『心を耕す──子どもたちの心豊かな成長を願って』2008

特集◎心の耕し──豊かでタフな人間性の涵養を

●

これからの学校教育と〈心の耕し〉

●

鎌田 首治朗○かまだ しゅうじろう

1 心とは

　現在の学校現場は，コロナ禍とGIGAスクール構想の流れの中で諸課題に対応すべくギリギリの奮闘を行っている。諸課題に追い立てられているきらいのある今は，教育の不易の部分が弱くなったり見落とされたりしかねない状況でもある。それだけに，日本の学校教育が大切にしてきた心を育てること，〈心の耕し〉といった課題を考える意味や意義は，いつも以上に増している。

　まず，〈心の耕し〉を論じる以上，「心とは何か」を先に述べておこう。とはいえ，「心とは何か」という問いは極めて難しい問いである。かつて博士論文の執筆にあたって，主観と客観の問題に関連し「心とは何か」という問いに大いに悩まされたことを思い出す。

　主観と客観の問題を解くために，筆者はフッサール（長谷川訳，1997），竹田青嗣[1]，谷徹（2002），梶田叡一の四者のとらえを検討した。「内在」，「意識」，「主観的な世界」，「内部」，「内面世界」と表現の違いはあっても，四者は，各

028

個人がこの世界をどうとらえるのかということを，それぞれの内面で構成しているとする点で共通していた。つまり，「世界 ≠ 私の（内面で構成している）世界」なのである。それは「超越」している「外的な世界」，「客観的な世界」が本当の世界で，「私の世界」が本当ではないという意味ではない。梶田が「それぞれなりの主観的映像としての『客観的な現実世界』」（梶田，1998，p.108）と述べたことは，主観と客観の問題を解く上での本質的な指摘である。つまり，私にとっては私の世界しか構成のしようがなく，「内面世界」のスクリーンには私流の映し方しかできないということである。このことの意味は大きい。各個人は「私流の映し方」が独りよがりなものにならないよう，豊かで深い「私流の映し方」を探究していくことが人生を生きる上で必須の重要な課題になるのである。

　梶田（2003）は「心とは何か」という問いに対しても，「個々人に独自固有の内面世界のことである」（p.3）と述べた。同時に梶田は，「内面世界の基本構造」によって心の構造を概念仮説で示している（梶田, 2021）。この概念仮説の構築は，見えにくいものを不問にせず，「私流の映し方」を深く自問自答し見つめ直しながら，困難でも重要な問いに応えようとする挑戦的生産的で意義深いものである[2]。本稿での「心」とは，梶田の「内面世界の基本構造」を基に「個々人に独自固有の内面世界のこと」を指している。ここから「心とは何か」という問いは，「私の心とは何か」という徹底した一人称の問いとして各個人が深めていかなければならない問いとなる。それが本稿の立場である。

2　「豊かな心」はなぜ求められるのか

（1）「令和の日本型学校教育」から ………………………………

　「これからの学校教育」といえば，現時点では中央教育審議会（2021）の答申「『令和の日本型学校教育』の構築を目指して〜全ての子供たちの可能性を引き出す，個別最適な学びと，協働的な学びの実現〜（答申）」（以下「答申」）を取り上げる人が多い。この「答申」では「関心」「安心」「心身」「心のケア」

といった「心」が出てくる。しかし，心の教育の必要性はこの「答申」からも考えることができる。たとえば，「第Ⅰ部　総論」の「1．急激に変化する時代の中で育むべき資質・能力」がそれである。

　ここでは，「豊かな情操や規範意識，自他の生命の尊重，自己肯定感・自己有用感，他者への思いやり，対面でのコミュニケーションを通じて人間関係を築く力，困難を乗り越え，ものごとを成し遂げる力，公共の精神の育成等を図るとともに，子供の頃から各教育段階に応じて体力の向上，健康の確保を図ることなどは，どのような時代であっても変わらず重要である」ことが述べられている。

　ここで述べられていることは，例えば「自他の生命の尊重」を当人が心からそうしたいと自分の本音にならない限り実現することはない。つまり，実現のためには述べられている価値や力を個人が獲得したいと思える「豊かな心」[3]の存在が必要になる。

（2）Society5.0時代 ………………………………………………………

　「答申」では「人工知能（AI），ビッグデータ，Internet of Things（IoT），ロボティクス等の先端技術が高度化してあらゆる産業や社会生活に取り入れられたSociety5.0時代が到来しつつあり，社会の在り方そのものがこれまでとは『非連続』と言えるほど劇的に変わる状況が生じつつ」あり，「社会の変化が加速度を増し，複雑で予測困難となってきている」ことが改めて指摘されている。これらもまた，一人ひとりの心のあり方を問う。

　AIの進化，発展によって仕事を奪われる人々がいれば，奪われない人々がいる。ビッグデータを活用できる人がいれば，活用できない人々がいる。このような差はそのまま富や権力の差につながり，そのために社会が深刻な分断と対立の様相を呈する危険性を生む。対立というものは，「もつもの VS もたざるもの」という本質的な対立だけではなく「もたざるもの VS もたざるもの」といった対立が意図的に生み出されることを，私たちは忘れるわけにはいかない。このとき，人々がどのような対応をするのかが事態を決める。「豊かな心」とは反対に，

自分を狂わせる「負の感情」，たとえば不安，恐れ，怒りや憎しみ，恨みや妬み，嫉みにいとも簡単に翻弄されるようであれば，そのときの対立や分断は相当深刻で，過激なものになってしまうかもしれない。

（3）シンギュラリティ……………………………………………………

　シンギュラリティという言葉がある。AI が人間に追いつき，追い越すことを指す言葉であるが，そこには「追い越されたら人間は一体どうなるのか」といった人間の不安や恐れを暗に感じさせる響きがある。この言葉も，「豊かな心」の重要性を示している。

　シンギュラリティ以降の真に優秀な AI ならば，かつての手塚治虫作の「鉄腕アトム」がそうであるように，AI は人間の「豊かな心」の価値や重要性を認識し，それに憧れ，「豊かな心」や人格をもった人間を認め，尊敬し，それらを磨くために努力する人間というものには，大きな敬意を払うであろう。むしろ，そういう判断が働かないような AI はレベルが低い。AI がその程度のレベルになってしまうとしたら，その原因は AI を創り出した創り手自身の問題に帰結するのではなかろうか。AI を創り出した人間が「豊かな心」や人格の持ち主ではなかったから，生み出された AI も同様になってしまったということである。ただし，真に優秀な AI が深く落胆し愕然とするほど，そのときの人間たちの心が貧しく，荒れ果てた，値打ちのないものになっていた場合はその限りではない。

　Society5.0時代を展望しても，「社会の変化が加速度を増し，複雑で予測困難となってきている」（「答申」）からこそ，自分の人生を生きるためにも，人類が持続的発展的に存在するためにも，「心」のあり方や人格形成の課題は一層重要となる。

（4）「自分解＝現実解」「自分解≒現実解」を目指して…………………

　筆者はこれまで，ことあるごとに人生の難問には単一の正解がなく，そこには自分解しかないということを述べてきた。ただしそれは，自分解であればど

んな解であってもいいということを述べてきたのではない。

　自分解が自分自身の「心」や人格によって質の規定を受ける以上，不十分な自分が生み出す自分解は不十分なものでしかない。そのような解には，現実の人生をよりよくできる力に欠けている危険性が高い。現実をよりよくできる力をもった解を「現実解」とするならば，自分解が現実解と重なる（「自分解＝現実解」），あるいはほぼ近づく（「自分解≒現実解」）ような解を各個人は目指さなければならない。自分が決断すべきそのときに，自分自身が納得できる自分解を生み出せるよう，そしてその解が「自分解＝現実解」「自分解≒現実解」となるよう，私たちは日頃から自分を磨いておくことが重要になる。

（5）負の感情と向き合うために……………………………………………………

　一方，人生の重要問題，現実の難問の前では，最近よく使われる「最適解」と呼ばれるような，個人が最適を確信できる解を生み出すことは難しい。人生の難問には，そう思わせるほどの厳しい面がある。そこにあるのは，「今の自分ではこれ以上考えられない」（限界解），「この解ならば，たとえうまくいかなかったとしても自分としては納得できる」（納得解）といった解である。これらは「最適」な結果になるかどうかは見通せないが，少なくとも今よりはよくなるのではないかとそのときの自分が考えられ，信じられる解であり，「最適解」と呼ぶよりは「適解」と呼んだ方が妥当な解である。

　しかし，人間というものは結果が見通せないと不安になる生き物でもある。自分の「生」を守るために，先が見通せないときには危険を感じ，「不安」や「恐怖」という感情が生まれる。自分の「生」を守ろうとする感情の力は強い。ときとしてそれは，人を狂わせる。恨みや怒り，妬みや憎しみ，嫉み──これらの感情は，先が見通せないときほど強く個人を支配する。自分を狂わす感情を「負の感情」としたら，人間は「負の感情」と向き合うことなしに生きてはいけない。単一の正解のない，先の見えない不安定な現実の中で大事な決断を行おうとすれば，誰もが「負の感情」に対する向き合い方，心のあり方を問われる。そのとき，個人が「豊かな心」ではなく貧しい心で，「負の感情」にいとも簡単に

流されるような存在であれば，個人は自分が納得できる「現実解」を手にすることは難しくなる。

「自分解＝現実解」「自分解≒現実解」を目指すためには，感情の流れに翻弄されてしまう自分ではなく，感情をコントロールできる「豊かな心」をもった自分が必要になる。〈心の耕し〉は，これまで述べてきた課題に応えられる「豊かな心」の育成を目指して行われるべきものであってほしい。

3 「豊かな心」のために〈心の耕し〉体験を

（1）学校が体験で心すべきこと……………………………………………

現実解に近い自分解を生み出すということは，スキルや小手先の問題ではなく，「負の感情」に翻弄されない自分へと自らを鍛えることでもある。そのために，古来様々な道を求め，究めようとした求道者たちは，自分に挑戦し，自分をとらえ直し，見つめ直すためにさまざまな修行を行った。それらの修行は，求道者が自らの道を求める強い意志によって成立してきた。それらをそのまま学校現場に持ち込むことには難しい面がある。しかし，「豊かな心」というものが自分に挑戦し，自分をとらえ直し，見つめ直すということを大切にしなければ，なかなか手に入らないものであるということを見すえておく必要はある。「豊かな心」やそのために〈心を耕す〉体験は，この点を見すえてこそひらめき，考えられるものでもある。また，「豊かな心」を手にするための〈心を耕す〉体験には，豊かな情報，豊かな視野，多様な視点といったものがほしい。それらがなければ，「自分をとらえ直し，見つめ直す」ための視点の転換，気づきが難しくなるからである。

これからの学校教育は，以上のことから「豊かな心は，豊かな〈心を耕す〉体験から」「自分に挑戦し，自分をとらえ直し，見つめ直す体験を」という点を大切にして，「『豊かな心』のための〈心の耕し〉体験」を教育的，計画的に組織し，展開していきたい。

（2）体験目標………………………………………………………………

　梶田（1994）は，教育目標を「達成目標」「向上目標」「体験目標」の「3種の目標類型」に分類してとらえることを提唱した。このうちの「体験目標」は，「効果はかなり後になって，しかも多くの場合一人ひとりに異なった形で，現れてくる」，「指導と評価が，少なくとも教育活動そのものの中でフィードバック的関係を持たないという意味では，うまくかみ合わないといわねばならない。教授・学習・評価が一種の開かれた系（オープン・システム）をなしている」（梶田，1994）目標である。つまり，「この体験をすればこうなってほしい」という学習者の成長への願いをもつことは当然だとしても，体験の成果や結果はすぐに求めるものでも，求められるものでもないということである。ある体験が，いつどこで，誰のどこに作用し，染み入り，本人の花を咲かせるのかということは，簡単には知ることはできない。求められているのは，「そうなってほしい」「この体験は人間が人間になるために大切だ」と学校と教師が強く願うことである。

（3）3つの体験………………………………………………………………

　体験というものを，梶田（1993）は3つに分類した。

---

　(1)　日常性の体験

　(2)　イベントとしての体験

　(3)　楔としての体験

　「(1)　日常性の体験」は，朝起きてから夜寝るまでの全てを体験としてとらえたものである。

　「(2)　イベントとしての体験」は，特別に思い出になるようなできごとを体験することである。それは，日常性としての体験に比べれば特別な体験になる。この「イベントとしての体験」は，学校行事が主に担う体験ともいえる。〈心を耕す〉ためには，学校行事を体験としていかに教育的に展開していくのかがひとつの大きなポイントになる。

　「(3)　楔としての体験」は，終生忘れられなくて，いつでもそこに立ち戻って考えざるをえないような体験，本人にとって格別意味深い，意義深い体験のことを指す。

　この(3)が，「自分に挑戦し，自分をとらえ直し，見つめ直す体験」につながる。そして，(1)や(2)の体験もときに，本人にとっての「楔としての体験」になる。特に，できないことができるようになる体験は，「自分に挑戦し，自分をとらえ直し，見つめ直す」可能性が高い。運動会での集団競技，集団演技，学芸会での劇の取り組みの中で，学習者と集団が鍛えられ，成長するケースがあるのは，「できないことができるようになる」ことと，「自分に挑戦し，自分をとらえ直し，見つめ直す」こと，さらにはクラスや学年で協働して取り組んでいることがそこにあるからである。

（4）「挑戦・失敗・学び・再挑戦」のサイクル体験を ……………………

　3つの体験において，学校と教師は「できないことができるようになる」ことと「自分に挑戦し，自分をとらえ直し，見つめ直す」ことを重視してほしい。それは，〈心を耕す体験〉が「楔の体験」につながっていくためにも重要になる。そのためにも学習者ができなかったという現象を，学校と教師は駄目なこととしてとらえず，失敗から学ぶ成長のチャンスとして生かしてほしい。そのためにも，まずその現象を学校と教師が自分たちの指導と取り組みの改善に生かし努力する姿勢や姿を学習者にみせたい。それから，できなかった原因やできるようになるための努力のあり方を学習者が学び，真剣に努力を積み重ねていく機会にしたい。いわば失敗体験を学習者が失敗から学び人間的に成長していくチャンス体験にしていきたい。学校教育は，この「挑戦・失敗・学び・再挑戦」のサイクル体験を重視したい。このサイクル体験は個人が人生を生き抜くことに直結する重要な体験であり，だからこそ〈心を耕す〉体験になるからである。これからの学校教育は，「豊かな心」を育てるために〈心の耕し〉と，「失敗を糧にし，失敗から深く学び，努力し，人間的に成長する」ことの関係性を重要視していきたい。

（5）「自分をとらえ直し，見つめ直す」ためには，授業研究，授業改善を…

　「自分をとらえ直し，見つめ直す」体験を保障し，「(1)　日常性の体験」の質を「(3)　楔としての体験」にも高められる魅力的で具体的な取り組みがある。それは学校教育が努力できることであり，学校教育でないと努力できないことでもある。そして，学校と教師の成長につながるものであり，学校教育に不可欠なものである。これこそが，授業研究であり，授業改善である。

　10年ほど前，若い教師が一気に増え，すぐに学校運営の中心として活躍しなければならない実態が生まれ，あまりの忙しさから「授業研究をやめよう」という声があがったり，それに近い空気が生まれたりすると聞いて心底驚き，心配したことがある。困った学校から呼ばれて講話をしたり，10年目研修や管理職研修の講師を務めたりもした。しかし，現在はコロナ禍であり，GIGAスクール構想対応のためその時よりも一層学校と教師は忙しくなっている。子どもたちの人間的成長の課題も以前より個別化，深刻化しており，授業研究の必要性は一層高まっているのに，各課題への対応で学校と教師はてんてこ舞いをしている。しかも，これまで日本の教育を支え牽引してきた先哲たちが次々と一線を退く時期にとうに入っている。日本が綿々と積み上げてきた授業研究の営みは，授業研究の必要性の高まりとは逆に困難になってきている。

　日本の教師は，日々の授業を教師の仕事の中心ととらえ，少しでもよい授業を学習者のために実現しよう，それができる自分になろう，と努力する中で成長してきた。その中で，授業の腕だけでなく学習者理解や学習者とつながる力，自分の教育観，人生観をアップデートしてきた。その授業研究を後ろに回してしまうと，教師は学びの機会を失い，消耗，疲弊をしやすくなる。学習者理解が深まらず，かえって日々の課題対応がうまくいかず，激務の中で自分自身をすり減らしてしまうことにもなりかねない。そのことは，学習者の「日常性の体験」を衰えさせていく。授業研究，授業改善は，今も昔も今後も，学習者の「日常性の体験」を保障し，「豊かな心」を育てる根幹である。教師はその中で深く学び，成長していく存在である。

（6）「自分をとらえ直し，見つめ直す」体験を生み出す「主体的な学び」 「深い学び」を …………………………………………………………

　授業研究，授業改善が進めば，「できないことができるようになる」ことや「自分に挑戦し，自分をとらえ直し，見つめ直す」ことが学校生活で増えていく。真の「主体的な学び」と「深い学び」にとって，「自分に挑戦し，自分をとらえ直し，見つめ直す」ことは必須の要素だからである。

　国語科の学びが主体的になれば，学習者は言葉を見つめる学びに挑戦し，その学びを通して自分の言葉を見つめ直していく。自分の言葉を見つめ直すことは，自分自身を見つめ直すことになっていく。学びに挑戦し，「自分をとらえ直し，見つめ直す」ことから，授業を通して自分の心の奥底にあった自分に出会い，自分が動かされ，自分を見つめ，真剣に考えた結果，自分をより価値ある方向へと自分の意志で変える。そこに真の学習者の変容がある。

　一方，真の主体性は自分を主人公にすることではなく，感情に向き合うことも含めて自分の主人公になっていくことにある。そのためには，「自分をとらえ直し，見つめ直す」ことがなければならない。この点で，「自分をとらえ直し，見つめ直す」ことのある授業は，真の「主体的な学び」の本質をもっている。このような学びであってこそ，以前の自分よりも人間的に深くなった「深い学び」も生まれる。「深い」という限りは，以前の自分よりも自分自身が深まったという深さがなければならないのである。これらが見落とされた学びでは，学習者が自分を主人公にすることはあっても，自分の主人公になっていく人間的な成長は生まれにくい。

　学習者が自分の主人公になる深い学びは，「自分自身をとらえ直し，見つめ直す」学びである。それは，自分の心を耕し，「豊かな心」へと磨き，人間性の涵養へとつながっていく。そのためにもまずは，学校と教師が授業研究を通して授業改善に挑戦し，自らと自らの授業を「とらえ直し，見つめ直す」行為が求められる。

注

(1) 竹田青嗣（1989）『現象学入門』（NHK出版）をはじめ多数。竹田のフッサール現象学の解釈は，彼が「"正統派"現象学派」（竹田青嗣『超解説！　はじめてのフッサール「現象学の理念」』講談社，2012，p.197）と表現する解釈とは異なりをみせるものである。

(2) 「心とは何か」という問いを不問にせず答えていこうという挑戦は，他にも存在する。その一つに，足立自朗・月本洋・渡辺恒夫・石川幹人編著（2001）『心とは何か──心理学と諸科学との対話』（北大路書房）があげられる。

(3) 梶田（2003）は，「最近の国の教育行政においては，こうした（心の育ちについての：筆者注）願いの総括的な表現として『豊かな心』が強調されることが多い」と述べている。文部科学省は「豊かな心」について「文部科学省実績評価書──平成19年度実績」の「施策目標2-2　豊かな心の育成」で「他人を思いやる心，生命や人権を尊重する心，自然や美しいものに感動する心，正義感や公正さを重んじる心，勤労観・職業観など，子どもたちに豊かな人間性と社会性を育むための教育を実現する」（https://www.mext.go.jp/a_menu/hyouka/kekka/08100104/013.htm#:~:text=%E4%BB%96%E4%BA%BA%E3%82%92%E6%80%9D%E3%81%84%E3%82%84%E3%82%8B%E5%BF%83%E3%80%81%E7%94%9F%E5%91%BD、%E3%81%AE%E6%95%99%E8%82%B2%E3%82%92%E5%AE%9F%E7%8F%BE%E3%81%99%E3%82%8B%E3%80%82）と述べている。

参考文献

中央教育審議会「『令和の日本型学校教育』の構築を目指して〜全ての子供たちの可能性を引き出す，個別最適な学びと，協働的な学びの実現〜（答申）」（中教審第228号），2021
　　https://www.mext.go.jp/content/20210126-mxt_syoto02-000012321_2-4.pdf

フッサール，長谷川宏（訳）『現象学の理念』作品社，1997

梶田叡一『生き方の人間教育を──自己実現の力を育む』金子書房，1993

梶田叡一『教育における評価の理論Ⅰ／学力観・評価観の転換』金子書房，1994，pp.14-15

梶田叡一『意識としての自己──自己意識研究序説』金子書房，1998，p.108

梶田叡一「心の教育とは何か」人間教育研究協議会編『教育フォーラム32』金子書房，2003

梶田叡一『自己意識論集Ⅴ　内面性の心理学』東京書籍，2021，p.58の図3-3

谷徹『これが現象学だ』講談社，2002

特集◎心の耕し──豊かでタフな人間性の涵養を

●

読書を通じて〈心の耕し〉を

●

湯峯　裕○ゆみね　ひろし

はじめに

　前号67号の特集テーマの自己教育力によって導かれるたくましく生きる力と今回のタフな人間性を育む〈心の耕し〉とを併せて，タフに生きる力を考えた時に，ふと浮かんできた言葉が『古事記』の「むす（産す）」である。「天地初めて発くる時に，高天原に成りませる神の名」（中村，2009，p.23）は，アメノミナカヌシノカミの次にタカミムスヒノカミとカムムスヒノカミの三柱である。第一の神に続く二柱はともに「ムスヒ」つまり「産す」の神であり，それらの神は「成りませる」となっている。つまりどこか形の定まらぬエネルギーが渦巻いているところから湧き上がって「産す」のであり，そして「成りませる」ものとして描かれている。人が生きるエネルギーの源を神話に求めるのは不都合もあろうが，キリスト教以前のギリシャの時代にも，人の存在は神によって作られるのではなく成り上がるものであったことは多く指摘されている。『古事記』の記述では，下界にできたばかりのところにウマシアシカビヒコヂノカミが先の三柱の神の次に「成る」のであるが，そこは「浮ける脂の如くしてく

らげなすただよへる時」（中村，2009，p.23）である。つまり，命が成り上がってくるのは，硬い地盤からではなく，柔らかくうごめいてかつ何かの力が渦巻いているところからなのである。

　タフな人間性を産み出す〈心の耕し〉は，この混沌としかつ力が渦巻く環境を作り出すものであると考える。樹木を植え替える時，土を柔らかく耕し固まった木の根をほぐして新しい空気と水が通うようにする。まだ定まらぬ柔らかい環境の中で根はのびのびと広がっていく。その上に樹は大きく育ち枝と葉を広げて，「成りませる」すなわち成長していくのである。草花の種を蒔く時も同じである。柔らかく掘り返されてくつろぎと新鮮な息遣いができる土の中で芽を出し伸びていく。人も同じで，耕された心に新しい空気と水気が染み渡る時に余計な力の抜けた心の広がりができる。心が解き放たれて縦横に広がって「成りませる」のである。〈心の耕し〉とはそれであると考える。

1　読書との関わり

　以上のように〈心の耕し〉を考えた時，読書とどう関わってくるのか。それには以下の3点で考えられる。第1は，読書によって心が揺さぶられ自分の持つ既成の概念が揺らいでくる時，第2は，作品世界と自分の心とが響き合い自分の守っている堅い枠が揺さぶられる時，第3は，読んでいる作品の世界に我が身が没入して自分の世界が作品世界の中に消失してしまう時，この3点で〈心の耕し〉が起こる。人が読書に求めるものは多様である。より多くの知識を吸収したい時もあれば，自分の今の考えを支持あるいは補強してもらいたい時もある。その時は理解と納得で読み進められ，自分自身の世界の動揺はほぼないであろう。また，純粋にその時間を楽しみたい時もあるだろう。その時は読書の世界と自分の世界を行ったり来たりするだけである。だが，読書によって我（われ）と本の世界が響き合い，我（わ）が世界が揺らいだりあるいは本の世界に奪い取られてしまったりする時，その後にやってくるのはこれまでとは違う世界の見え方である。そこに成長があり，それを産み出すのが〈心の耕し〉である。

　美しい景色を見ている時，美しい調べに聴き入っている時，心が共鳴しているそんな時，分析して言語化できるのはその一部に過ぎなく，また分析すると共鳴がなくなることもある。共鳴しているのは，言語の外にある部分も含めて我が身の全てである。そんな没入感が続くと人は酸欠になる。だが，その息苦しさに気がつかない。ふと忘れていた我に返って現実が開けた時に新鮮な空気が突然に入ってくる。水中深く漂っていた後に遠い水面目掛けて浮き上がり，空気のありがたさに体が和む時と同じである。その時，これまでになかった体の和らぎを感じる。

　本の著者が何かに向かって語りかける時，語りかけたその言葉に対してどこからともなく返ってきた言葉に読者が向かう時，その言葉に導かれて読者自身の内面に向かう時，深い響きがある。読書における対話は実は二人ではない。そこにもう一人の誰でもない誰かが出てくる時，深い響き合いが生まれる。自分に向き合う時，自分を見ている自分が対自存在としてあり，それだけではすまなくて，自分はどう見られているかという対他存在としての自分もあるとしたのはサルトルであるが，マルクスの疎外の概念からの影響が強くあまりにも図式的になってしまった。人は，その対自存在と対他存在との間を揺蕩いながら存在する。揺蕩いながら折り合いをつけたところに浮かび上がってくるのが自分自身を規定する言葉である。他者から見られる自分と自分が見る自分が混濁して存在する状態。読書における没入感とはこんな状態ではないだろうか。

　読書をしている時，著者に向かい著者の言葉を受け止める自分とそれを外から見ている自分がいる。同時に著者から見られている自分とその全体を見る誰かが意識に上る。自己内対話はとかく1体1の平板にとらえられるが，多面的多層的であり，かつ向き合う自己は一つではない。対自存在であったり対他存在であったり，多様なレベルの自己が同時に対話をしており，かつその自己を見つめる自分は一人ではない。多様な世界を背負っている自分が多様にいる。人はそれら全てを抱えて生きている。いくつかの自分をひとまとめにして，今をとりあえず生きているのが生身の人間である。読書の世界から新しい自分が成り上がってくるのはそんな中からである。

2　読書によって心が揺さぶられ自分の持つ既成の概念が揺らいでくる時

　この点について筆者が強く感じたのは仏教の言葉と向き合った時である。その関わりは精神的な問題からではない。かつて人間の心の成長における言語の機能を考えていた時に，禅宗における「不立文字」「直指人心」に行き当たった。そして，そこでも結局は言語にこだわっていると考え，出会ったのが親鸞である。そこには言語を超えた世界があった。『歎異抄』には以下のようにある。

　「親鸞にをきては，ただ念仏して弥陀にたすけられまひらすべしと，よきひとのおほせをかぶりて，信ずるほかに別の子細なきなり。（中略）たとひ法然聖人にすかされまひらせて，念仏して地獄におちたりとも，さらに後悔すべからずさふらふ。（中略）とても地獄は一定すみかぞかし。」（金子，1981，p.43）

世の中の物事を全て実体としてとらえて客観的に分析的に見ていると，事の真偽は人とは無関係に存在するように考えるし，事実学校でそう習ってきてそう信じていた。ところが，自分ではない他者を信じてその他者と一体化しようとした時，事の真偽は自分から離れて客観的・分析的にあるのではなく自分の心の中にある。自分がどう思うかどれだけ信じられるかにあるのであって，世界を支えているのは他でもない自分なのである。この決断に直面した時，自分の前に広がる世界の見え方が大転換する。大きな動揺とともにこれまで味わったことのない風が吹いてくる。

　同じことが道元の『正法眼蔵』にもある。

　「灰はのち薪はさきと見取すべからず。しるべし薪は薪の法位に住して，さきありのちあり，前後ありといへども，前後際断せり。（中略）生も一時のくらゐなり，死も一時のくらゐなり，たとえば，冬と春とのごとし。」（内山，2008，p.9）

物事を客観的に見て因果関係で並べてしまうのは人間の常である。薪があっ

て灰に変化する。生があってやがて死となる。だが，灰は灰，薪は薪としてあり，生は生，死は死としてあるのであって，それ以外の何ものでもない。こういった自他を超えた世界観を突きつけられた時，人は因果律にごまかす今の生き方に迫られる。今ここにある今の自分が全ての責任を負う。その生き方の強い力が道元の言葉から迫ってくる。どれだけ信じられるのかと自らに問うた親鸞の「とても地獄は一定すみかぞかし」と同じ力である。その力に圧倒された時，広く知られた「佛道をならふといふは，自己をならふなり，自己をならふといふは，自己をわするるなり」（内山，2008，p.7）の言葉，特に「自己をわするるなり」というところの決心に今の自分の心をがっしりと捕まえられる。自分を分かったふりをして実は他に責任転嫁をしているこれまでの自分が一刀両断に否定され，世界の見え方が逆転するのである。

3　作品世界と自分の心とが響き合い自分の守っている堅い枠が揺さぶられる時

既成概念が揺さぶられ世界観が変わっていくほどではないにしても，自分という枠あるいは殻が崩れていく体験が読書にはある。それは，作品の世界と自分の世界が音叉が共鳴するように響き合う体験である。筆者の場合，「百人一首」がその一つである。高等学校の古典の時間に習ったのだが，小テストのための宿題として文法や口語訳や歴史的背景を覚えることが主体でその時は面白味を見出せなかった。しかし，文学作品として内容を理解していくようになると面白い世界が広がっていき，それが自分の心の見直しとなる。さらに藤原定家の編集の意図を考えるようになると，歴史の中に人々が浮かび上がって，流れる時間の中で人が生きる姿が見えてきた。高等学校での学習と違って歌人一人ひとりの息遣いが立ち上がってきて目の前に現れてくると，自分の心と響き合うようになるのである。

例えば，10番蟬丸の「これやこの行くも帰るも別れてはしるもしらぬも相坂の関」では，繰り返し声にするうちにその響きが立ち上がってくる。流れるような語

の音韻が人の流れと関の姿を浮かび上がらせる。その景色は同じ相坂の関が詠まれている清少納言の 62 番「よをこめて鳥の空音ははかる共によにあふさかの関はゆるさじ」へと流れていくが，そこにあるのは全く別の世界である。景色も響きもない仮構の世界。これだけで終わると，対比はあるものの二つは関係のないものとなってしまう。だが，63 番左京大夫道雅「今はたゞおもひ絶なんとばかりを人づてならでいふよしもがな」がすぐそれに続いている。百人一首は丁寧に読んでいくとそこには定家がある意図を持って歌を並べていることが分かってくる。ここでも，清少納言とのつながりが分かってくると全く違って見える世界が広がっていく。清少納言が仕えた中宮定子の弟で藤原道長に翻弄された藤原伊周の長男が道雅である。三条天皇の皇女が天皇の退位とともに伊勢の斎宮の任を解かれ「前斎宮」と呼ばれるようになる。道雅は彼女との道ならぬ恋に苦しみそれを歌にしたのである。しかも，この二人の関係は『伊勢物語』の業平と伊勢の斎宮との話を連想させ，そこには二人の連作として「かち人の渡れど濡れぬえにしあれば」「また逢坂の関は越えなむ」(石田，1979，p.68)がある。当時の歌人はこの『伊勢物語』は当然のこととして知っており，誰でもがここに想いを至らせるのである。これを指摘した白洲正子によれば「わざわざ指摘するのは野暮なことかも知れない」(白洲，2005，p.187) となる。実は相坂の関はここまで響き合っているのである。これに「前斎宮」の父，これも道長によって悲哀を味わった三条院の 68 番「心にもあらで此世にながらへばこひしかるべきよはの月かな」の涙を並べると，それぞれの歌が複雑に絡まって深みを持って響いてくる。歴史の流れの中でそれぞれの歌がシンフォニーを奏でるのである。この響きを受け止めることで，自分の心に新鮮な空気と水気が漂い，敏感に繊細に感じ取れる柔らかい心が生まれてくるのである。複雑に要素を絡めることで生まれてくる耕しである (百人一首の歌は島津，1999，p.10，p.136，p.138，p.148 による)。

　読書から離れてしまうが，同じように深いところで心を揺さぶられるものに能楽がある。例えば，『源氏物語』の葵の上と六条御息所を取り上げた「葵上」では，祭りの場所取りで辱めを受けた六条御息所がその悔しさから生霊となっ

て現れる。重い苦しさの執念と横川小聖が唱える念仏との対峙には迫りくる力がある。そして，祈り伏せられて六条御息所が姿を消していく時，葵上ではなく六条御息所の哀しみの念がその後ろ姿に漂って観ているものの心を離さない。「隅田川」の母の流す涙とは全く異質の，人が生きることのつらさ，悲しさの涙がある。しばらくは何も言えない，動けない。般若の面が涙に包まれている。人の心が動くのは言葉の底を突き破ったもう一段下のうごめきである。

　「百人一首」は複数の歌がつながることで言葉の世界の底を突き破って心と心の確執と融和がある。「葵上」ではそれがさらに深く掘り下げられていく。その心で世界を見た時に，新しい光が見えてくる。

4　読んでいる作品の世界に我が身が没入して自分の世界が作品世界の中に消失してしまう時

　読書をしていて心や体全体がその世界に引き込まれ浸りきることがある。能のシテが舞台から下がり揚幕が降りてふと我に返る時，音楽の最後の音がすっと消えてはっと目が覚めたようになる時，同じような時が読書でもある。読むことに没頭して降りる駅を通り過ぎてしまうのはこんな時である。本の世界の響きと読んでいる自分とに共鳴が起こって1で述べた没入の状態になる。言語を超えたもので説明し難いのであるが，この時には本の世界に自分が消え去るのであるが，本の世界がそのまま自分のものになる。

　筆者はかつて『カラマーゾフの兄弟』（ドストエフスキー）の一文を引用したいがために読み直したことがある。すると今まで気が付かなかったことが次々と現れて全く違った世界が広がってきた。ちょうど出張に持って行ったのであるが，帰りの電車ではずっと読み浸っていた。移り行く景色と同じに流れていく時間と共に読書の世界にいた。2の時と3の時が同時に起こった時，このような没入感が起こり，読んでいる作品の世界に我が身が沈潜して自分の世界が作品世界の中に消失してしまう時となる。こちらに何かの関心があって，その求めるものと読書の世界が与えてくれるものとが符合した時の没入である。

　また別の時，高等学校で習った姿と全く違って見えてきた西行にこれまでの世界観を揺り動かされたこともある。世捨て人の数奇者ではない。出家しても実家の佐藤家の家計に心を砕き，出家したがゆえに余計に宮廷の上層部にも近づいている。生涯心を寄せる待賢門院についても業平のような近付き方ではなく，その境遇にも心を苦しませる。吉野の桜を詠んでも月を詠んでも『新古今和歌集』その他の多くの歌人とは違う。心の底からの生きる実感を伴う叫び，苦しみとともに絞り出すようなうめきがある。人が生きることへの真正面からの問いかけがあり，こちらはその返答に窮する。出家はけっして世をはかなんでのものではなく，ある意味自分の責任ある生き方を貫くための方便であったと考えられる。親鸞や道元にも通じる強さがある。その強さゆえに彼の歌には他にはない響きがある。

　　心なき身にもあはれは知られけり鴫立つ沢の秋の夕暮れ　　西行法師
　　見わたせば花も紅葉もなかりけり浦の苫屋の秋の夕暮れ　　藤原定家朝臣
（久保田，2007，p.178・p.180）

『新古今和歌集』では三夕の歌と並び称されるが，宮廷的な優美さのある定家の歌と並べるとその違いははっきりしている。西行の生き様に触れた時，これまでとは違った歌の響きが心の底から湧き起こり，その響きに自分の枠が取り崩され世界が姿を変えてくる。西行の歌の響きに自分の全てが揺さぶられたのである。

　高野悦子の『二十歳の原点』（1979）では，大学2年生の1月初めから3年生の6月までのほぼ半年間の迷いや煩悶が緊張の高い文章で綴られる。初めて読んだのは私が就職してからだが，読みながら自分自身の高校・大学生活を重ねていってしまう。自分よりは少し前の時ではあるが同じ京都で生活圏が重なり，自分自身の苦しい思いと反省が溶け合って，その世界に入り込んでしまう。読み終わった時の心のたかぶりにしばらくは何もできなかった。高野は言葉で心に向かってくる。こちらの心をこじ開ける。お前の生き様はそれでよいのかと迫ってくる。

　没入感には文体が大いに関係する場合もある。野坂昭如の「火垂るの墓」

(1987) は大阪に帰る時に神戸駅の売店でたまたま手にした本である。筋の展開に併せてその文体のこれまでにない響きと息遣いに一気に引き込まれ，電車の途中のことは一切意識になく，話を読み終わってふと深呼吸をした時，大阪駅を過ぎていた。そこにあったのは現実に戻った不思議な感覚である。野坂はその語りの流れで心を揺さぶる。決して反戦小説ではない。人が生きることの悲しさと重さを奏でている。命が愛おしくなる。

　川端康成の『千羽鶴』(2012) は，柔らかくほのかな香りの底に重いものが流れるような世界を滑らかな文体がつないでいく。随所に固く引っかかるような言葉があっても，それを次の流れが押し流していく。論理を超えた光と香りと温もりの世界のその場に止（とど）まろうにも止まれない流れに，我が身が浮かんで流されていく。ふっと我に返った時に目の前に開けた世界はいつもとは違う色に見えてくる。全身の目覚めとともに，新しい空気の味がさっと流れ込んできて，世界の色が鮮やかになる。そこから次の光が見えてくる。

おわりに

　「はじめに」で述べたように，タフな人間性を涵養する読書における〈心の耕し〉とは，麗らかな春の日差しの下（もと）にあるとは限らない。自分の持つ世界観が大きく崩される時でもある。奥底から取り崩されて新しい空気と新しい水が流れ込んで混濁した心になる時なのである。そこから根が広がりたくましく伸びていく。新しく生きていく力が産み出され「成りまし」ていくのである。

　以上のような読書を学校教育にそのまま取り入れるのは難しい。だが，そのような体験をした教師が例えば「ごんぎつね」を子どもたちとともに読む時，言葉を超えたところで発する思いが子どもたちに伝わるのではないだろうか。それを感じ取って子どもたちは自分の読みをする。それが「学ぶ」＝「まねぶ」ではないだろうか。中・高等学校では教師と生徒の語り合いの場があってよい。教科書には限界がある。切り取られて採録される文章は文体の流れに身を任せるまでには至らないで終わってしまう。内容的にも人間の心に深く切り込んだものは美醜の感覚的にもあるいは倫理的にも掲載を避けられてしまう。

　高等学校では「論理国語」と「文学国語」の扱いが議論されたりするが，文学は論理と対立するものではない。論理的すなわち logical とは「筋がとおっていること」である。文学的文章でも自分の受け止めた内容を言語化して表現する時は当然logicalでなければならない。広く張られた根から幹を伸ばす時，枝や葉を広げる時はlogicalなのである。もちろん読書はどんな文章も対象となる。この二つの科目を読書でつなげばよい。今後は教室の中だけで完結しない読書を授業に取り込んで，本の世界に浸りきる経験をさせたい。限られた時間の教室でできるのは浸りきる経験のきっかけをつかむことくらいである。まとまった読書は時間が厳密に区切られたところではできない。心の枠が崩されてエネルギーを秘めた混濁となるには，限られた時間にはない出会いと時が必要である。それをこれまでは無理矢理に教室に閉じ込めてきた。教室から解放することでこそ読書を通じて〈心の耕し〉ができるのである。

参考文献

石田穣二訳注『新版伊勢物語 付現代語訳』KADOKAWA，1979

金子大栄校注『歎異抄』岩波書店，1981

川端康成『千羽鶴』新潮社，2012

久保田淳訳注『新古今和歌集 上』KADOKAWA，2007

久保田淳・吉野朋美校注『西行全歌集』岩波書店，2013

中村啓信訳注『新版古事記 現代語訳付き』KADOKAWA，2009

野坂昭如『アメリカひじき・火垂るの墓』新潮社，1987

島津忠夫訳注『新版百人一首』KADOKAWA，1999

白洲正子『私の百人一首』新潮社，2005

高野悦子『二十歳の原点』新潮社，1979

内山興正『正法眼蔵　現成公案・摩訶般若波羅蜜を味わう』大法輪閣，2008

特集◎心の耕し──豊かでタフな人間性の涵養を

●

〈心を耕す〉国語の授業を
文学作品の「語り」活動で，子どもたちの「心を耕す」

●

二瓶　弘行○にへい　ひろゆき

1　文学作品の「語り」と，文学作品の「朗読・音読」

　ある4年生の国語教室。新美南吉「ごんぎつね」のクライマックス場面を，教室の前に立った1人の男子が，精一杯の工夫をして朗読している。十数時間にわたる単元の様々な学習のまとめである。

　その子は，ごんが兵十に銃で撃たれる緊迫した場面の様子や，ごんと兵十の悲しい思いのすれ違いを「自分の声」で表現しようと練習を重ねてきた。その成果を今，仲間の前で発表する。

　でも，何故だろう。彼のその一生懸命な自己表現が「孤立」している。彼の前に座って聞いている仲間との「集団の空気」が創造されない。朗読発表の機会を設定するたびに，そう感じていた。

　その要因は，音声表現する子どもの「目」，そして，その表現を受け取る子どもたちの「目」にあると，ある時に気づく。

　もうずいぶんと昔のこと，私の小学校1年生の国語教室に，プロの「語り部」

の方を招き，子どもたちに，「本物の語り」を聞かせる場を設定した。

　プロの「語り部」の女性が，様々な民話や昔話を子どもたちを前に語り始める。いつしかその教室に不思議な空間ができる。たった1人の表現者と40人の子どもたちが創る空間。物音1つしない静まり返った教室に，語り部の声だけが流れる。

　40人のすべての子どもたちの「目」は，表現者の「目」に集中している。表現者もまた，すべての子どもたちに，自分の「目」が行き渡るように，視線をめぐらしながら語る。そう，「目」で語っていた。この表現する者と聞く者が，ともに「1人の自己表現を共有する空間」を創り上げるために，「目」が重要なのだと，そのとき，強く悟った。

　朗読する子どもは，当然のことだが，教科書の原文に「目」をやる。前に座る子どもたちもやはり自分の教科書原文を「目」で追いながら，仲間の朗読表現を聞く。互いの視線，「目」が合わさることは，ない。

2　「語り」の4つの観点と「聞くこと」

　文学作品の「語り」は，対象となる原文の全文暗誦を基本とする。

文学作品の「語り」，4つの観点	
①　視線	聞き手に目を向ける。視線で場面の様子，気持ちを表現。
②　表情	顔の表情で場面の様子や人物の気持ちを表現。
③　速さ	語る速さの違いで表現。特に「間」を意識する。
④　声量	声の大きさを場面に応じて工夫する。

　この「語り」という言語活動のねらいは，「作品の叙述に即して，場面の様子や人物の気持ちを想像し，自分の創造世界を音声言語によって表現する」ことにあり，音読・朗読と変わらない。

　両者の決定的な違いは，表現するものの「相手意識」にある。

　語りをする子どもは，「目」を聞き手の仲間たちに向けることができる。それによって，自分が精一杯の工夫をして語っているその瞬間の聞き手の反応を確かめることができる。悲しい場面を工夫して語る際に，その悲しさを聞き手に分かってもらえているか，嬉しい人物の心情を語る際に，その嬉しさが伝わっているか，自分の「目」で確認しながら表現することができる。

　だから，語りをする子どもに，自分の視線を聞き手全員にめぐらすことを指導する。まっすぐ前を見て語ることをしない。「あなたにも，あなたにも，私の語りを聞いて欲しい」という思いを「目」に込めて，語りをするように話す。そんな表現者の思いが伝わってこない自己表現，「目力」のない語りは，聞いていて寂しい。

　もう一つ，語りの特徴として，「表情」がある。これも，「目力」と同様に，朗読・音読では十分には工夫できない，語り独特の観点と言える。自分がイメージし，読み取った作品世界の空気，人物の心情を顔の表情を工夫しながら語りをする。あるときには悲しさ，寂しさを暗い表情で，またあるときには微笑みを浮かべながら語る。

　この「目力」と「表情」を工夫しながら語りをするということ，それは，一方で，「聞く」ことが極めて重要な学習活動となる。

　教室の前の方で，仲間の一人が「ごんぎつね」のクライマックス場面を一生懸命に語っている。彼は，座っている39人の仲間たちみんなに自分の語りを聞いてもらおうと，視線をめぐらしながら語っている。だからこそ，私は下を向いて聞くわけにはいかない。しっかりと語り手の目がある方を見て聞かなければ失礼だ。そして，もし，語り手の視線が自分の方に向いて目があったら，そのときは「私は確かにあなたの語りを聞いているよ。」と目で応えてあげよう……。

　教師である私は，この「聞く」態度を徹底的に指導する。仲間が語りをしているときに，「目」で聞かずに別のことをすることを決して許さない。「あなたが一生懸命に練習をして，一生懸命に語っているのに，みんなが下を向いていたら，どんなに悲しいか，どんなに悔しいか，想像してみろ。」と，しっかり

と怒る。何度でも，繰り返し怒る。

　言うまでもなく，語りの表現活動は，作品場面の詳しい読解の学習と表裏一体の関係にある。

　子どもたちは，語りをするために書かれた作品の言葉を詳細に検討する。場面の様子，ごんと兵十の心情を読み取り，いかに語るかを前述の「語りの四観点」に応じて書き込む。

　したがって，仲間の語りを聞く際には，仲間がその場面をどう読み取ったのかを受け取ることが重要になる。どんな表情で，どんな速さで，どんな声量で語るのか，そして，それは何故か。自分の読みと関連づけて聞かなければならない。

　仲間の語りを聞いた直後に，アドバイスの時間を設定する。「語りの四観点」から，「この会話文は，もっと声を小さくし，間を長く取った方がいい。何故なら，きっと悲しいはずだから……。」とアドバイスをする。語り手はその受けたアドバイスについて，自分の考え・読みを説明した上で，納得するならば受け入れる。このアドバイスを聞く側の子どもたち全員に要求する。語りを聞かせてもらったら，必ず何か自分の感想を返しなさいと。子どもたちは，アドバイスをするためにも仲間の表現を真剣に聞くという状況にいつも置かれる。

　語りは，単なる自己表現活動ではない。語り手と聞き手が一体となって創り出す「言葉で伝え合う」言語活動である。

3　国語教室づくりと「語り」

　春４月，私の教室に40人の子どもたちが，また，やってきた。まだ，彼らの名前も知らない。国語授業の初日，１編の詩を載せたプリントを配布する。ツェーザル・フライシュレン作・山本有三訳の「心に太陽を持て」。

　神妙に座っている，彼らにさりげなく言う。

　「誰か，この詩を読みたい人はいませんか？」

　教室の空気に一瞬の緊張感が漂う。１人がそっと手を挙げる。微かなホーッ

という声とともに，他の子どもたちの視線がその子に集まる。少しの間を置いて，また，ためらいがちに何人かが手を挙げる。7人の子どもたちだった。

　私は，にっこり微笑む。そして，40人の新しい教え子たちに向かってゆっくりと話す。

　「今のこのときの空気をようく覚えておきなさい。誰か，読みたい人はいませんかと聞かれて，7人が手を挙げた，この空気。それから，この空気の中にいる，今このときの自分の気持ちをようく覚えておきなさい。」

　それから，続けて話す。1年後，4年生が終わる来年の3月，同じような学習場面で，私が「誰か，読みたい人？」と聞いたとき，40人すべての子が，すっと真っ直ぐ手を挙げていること。「私に読ませて」という意欲を目に込めて，ごく自然に，そうすることが当たり前になるように。

　国語の授業。その多くの導入で学習材となる文章の音読をする。私もそうだ。ただ，私は，誰か1人の子どもに音読をさせる場合，いきなり指名はしない。私は必ず挙手を求める。

　「1人で読みたい人はいませんか？」

　その際，もし，40人学級の数人しか手を挙げなかったとしたら，その後の授業は成立しない。3分の1の子どもしか挙げなかったら，話し合いの学習は，しても無駄である。

　クラスの半数程度の子どもしか，「私が読みたい」と意思表示できない状態だったら，自分の学級集団をもう一度，初めから創り直すべきだと，私は思う。

　国語教室とは自分の意見を言葉で表現し合う場だ。それは難しいことだ。言葉を探し，伝わるように表現しなければならない。聞いてもらえるだろうか，分かってもらえるだろうかという不安が常にある。この思いは大人でも同じだ。

　にもかかわらず，「文章を声に出して読む」という音読の行為すら躊躇する子が半数もいて，どうして言葉で学び合う国語授業が成立するか。

　平成29年度告示の新しい学習指導要領は，「主体的・対話的で深い学び」の実現をすべての国語教室に求める。私は，その方向性に深く首肯する。

　だから，繰り返し主張したい。せめて音読に躊躇しない学習集団をつくろう。

　音読するのが苦手でいい。そのために教室にいる。漢字を読み間違えても，つっかえてもいい。そのために国語の授業がある。音読が苦手だと思う子こそ，音読をすすんでみんなの前ですればいいのだ。そうしていつか上手くなる。

　だから，私は40人に必ず聞く。

　「1人で読みたい人はいませんか？」

　40人がさまざまな思いを持ちながら，手を挙げる。私は，あの子を指名する。やや自信なさそうに，最後に手を挙げた「あの子」にこそ。そして，精一杯ほめてあげよう。

　神妙に私の話を聞く彼らに，1冊の詩集を配った。『百の詩集』。

　この簡素に製本された詩集は，私がこれまでの教員人生で収集した数百編の詩の中から，ぜひ子どもたちに与えたいと選んだ100編を編纂したものである。

　書店に行けばたくさんの詩集が並んでいるが，小学校の子どもたちに暗唱させたい詩がある程度の数をそろえて編集されているものはあまりない。「大人の詩人が書いた本物の詩の中の，子ども向きのもの」が数十編は欲しい。市販されていなければ，自分で作ればよいと思い立って以来，新しい子どもたちと出会うたびに，「詩集」を作り続けてきた。

　詩の収集は，まずはすべての教科書会社の国語教科書，図書館蔵書から始める。次に書店で詩集あさり。出会った詩の中で，これはというものは，すべてパソコンに打ち込む。

　この詩集に入れた作品は実に多彩である。島崎藤村や室生犀星の文語詩もあれば，むのたけじ・相田みつを・星野富弘など，詩というより「詞」と呼んだ方がいい作品もある。

　選択の明確な基準はないと言っていいが，暗唱に不可欠なリズムをもつこと，そして，長すぎない作品であることには考慮した。ただ，宮沢賢治の「雨ニモマケズ」と谷川俊太郎の「生きる」は例外。私の歴代の教え子たちは，この2編の詩を全員暗唱してきている。

　また，選者である私の「好み」も大きく反映している。私の好きな詩人である谷川俊太郎やまどみちおは，それぞれ10編ずつ採っているほどだ。ただ，「こ

の詩は，学級担任としての私が私の子どもたちに読ませたい」という思いだけ
は確かに込めた100編であることは間違いない。

　彼らに，この詩集を国語の教科書と一緒に毎日ランドセルに入れてくるよう
に話す。そして，国語の授業の最初に必ずみんなで少しずつ読み合っていくこ
とを伝える。さらに，100編の中から1編でいい，大好きな詩を見つけ，その
詩を暗唱できるように指示した。

　いつの教え子たちでも，変わらぬ「語り」の学びのスタートである。

4　「語り」の変容と「心」の変容──1年生6才から，6年生12才へ

　私が24年間勤務していた筑波大学附属小学校では，学級担任3年間持ち上
がりを原則としている。だから，1年生を担任すると，原則として，6才の入
学式から9才の3年生終業式までの時をともに過ごすことになる。

　彼ら1年生はよく動く子どもたちだった。自分を前に出すことに躊躇しない。

　出会いの春4月に，『百の詩集』をプレゼントすると，すぐに「語り」に食
いついた。彼らの「語り」に対するエネルギーは大きく，私の「語りたい人！」
という指示に，いつでも40人みんなが，勢いよく手を挙げた。

　1年生の「語り」は，精一杯の自己表現である。そこに聞き手意識はあまり
ない。自分を表現できること，そのものが嬉しいのだ。

　そんな彼らに私が教えたこと。それは，聞いてくれる人を大切にすること。

　語り始める前に，「聞いてください。お願いします」と聞き手に頭を下げる
ことを教えた。語り終わった後には，「聞いてくださってありがとうございま
した」とお礼を言うことを伝えた。

　そして，仲間の語りを聞いたら，必ず，良い点を探し，話し伝えてあげるこ
とが礼儀だと話した。

　聞き手を強く意識することは，語りの工夫の重要な観点である「表情」，特
に「目」を重視しながら表現することにつながる。また，「間」をとるときにも，
聞き手を見ながらの静寂が生み出せる。

　詩の「暗唱」は，精一杯の自己表現でいいと思う。けれども，語りは違う。聞き手である他者と表現する自分の関係を意識したとき，その質的レベルが大きく上達する。だから，子どもたちに相手意識をもった語りの体験をどのようにさせるかが，とても重要な私の役目となる。体験なくして，語りは向上しない。話すことなくして，話す力がつかないように。

　教室では，国語授業のみならず，学級の時間や担任裁量の時間を使い，少しずつでも語りを聞き合う機会を設定する。教室の前に置いた木の四角い椅子をステージと名付け，その上で語った。

　他の学年クラスの担任に頼んで，時間を作り，聞いてもらうこともした。

　筑波大学附属小学校には年間を通して，全国からたくさんの先生方が授業を見に来てくださる。また，6月と2月の2回，何千人もの先生方が参加される公開研究会も実施している。その先生方は，実に素晴らしい「聞き手」である。彼らの拙い語りを目力を込めて真剣に聞いてくださり，聞き終わると拍手をし，そして，必ず肯定的な評価を子どもたちに返してくれる。

　このプラス評価が，彼らの自己肯定感を高め，聞き手意識を強め，次の語り活動へのエネルギーとなっていく。研究会の後，語りを聞いた子ども個人宛の手紙をくださった先生も何人もいた。本当にありがたいことだと感謝している。

　そして，最も有意義な聞き手，それが「親」である。

　もう何十年も教師生活を送っているが，親の子どもに対する愛情は計り知れないほどに深いと，身に染みて感じている。だから，親にとって，子どもの成長が何よりの喜び。たとえ，それが，ほんの少しの成長であろうと。

　語りは，音読・朗読と異なり，全身を使っての表現活動である。子どもたちの語る姿には，その子らしさが直接的に表れる。その成長もまた如実に感じることができる。

　年に数回ある保護者授業参観には，何らかの形式で全員が語る場を設け，我が子の語る姿とクラスの仲間たちの語る姿を見てもらえるように努めた。

　また，彼らが2年生の3月の日曜日には，区の施設を借りて「語り公演会」を開催し，家族で参観してもらった。遠くは他県から祖父母の方々がいらして

くれた家庭もあった。そして，彼らとの３年間のすべてが終わる，彼らが３年生３月の日曜日。最後の「語り公演会」を小学校の講堂で開いた。たくさんの方々が来校してくれた。

　高学年になると，子どもたちは，精神的にも身体的にも急激に成長する。

　教育現場でよく話題となることだが，低学年の頃には，「ハイハイ！」とうるさいほどに手を挙げていた子どもたちが，学年が上がるにつれて，だんだんと話そうとしなくなる。人前で自己表現することを躊躇するようになる。

　確かに，教師としては寂しい現実なのだが，この子どもたちの姿も一つの成長と捉えようと思う。

　人は誰もが，人との関わりの中で生きている。人は，他者と関わりながら生きていくことで，自分という存在を自覚する。悲しんだり，悔しがったり，妬んだり，恨んだり，たくさん傷つきながらも，自分を見つめ直し，少しずつでも向上的に変容していこうと生きる。

　子どもも，きっと同様である。子どもは，未熟な「人」。

　だからこそ，なおさらのこと，他者と関わることで，人としてすこぶる多くを学び，人として大きく変容していく。

　学校とは，子ども１人１人のそんな「変容」の場。そして，学ぶとは，人として変容すること。

　人と人とが関わるために，最も有意義な手段が「言葉」である。

　言い換えれば，言葉の力は，生きる力に他ならない。

　私が担任した４年生初期の子どもたちの語りの姿がある。

　クラス替えによって，新しくできた学級集団。自分がいる，この教室の39人の仲間のことをほとんど知らない。そんな空気の中で，詩を語ろうとすれば，様々な感情が湧き起こってくる。

　自分の語りが聞く人にどのように受け取られるのか。声が小さくて後ろの席まで聞こえなかったら。間違ってしまったら。途中で続く言葉を忘れてしまっ

たら。そんな思いとともに，それでも，4年生の子どもたちは語っている。語るその子たちの固い表情，特に目を見ると，抱えている不安な気持ちが分かる。彼らの語りの「目力」は弱い。

　私は，教えた。

　自分の選んだ詩を声に出して音読すること。できれば，暗唱すること。それは，とても素敵なこと。

　自分の選んだ詩には，自分の意思がこもっている。「いいなあ。」と自分には感じられたから選んだ詩。その詩をただ音読・暗唱するのではなく，誰かに聞いてもらう。そのために「語り」はある。

　語りは，語りながら，聞き手である仲間の聞いている表情・目が，いつも視野に入る。「自分の選んだ，自分の好きな詩を聞いてもらえているんだ。」と，常に確認しながら語ることができる。

　それは，とても素敵なこと。「自分らしさ」が言葉を通して，誰かに伝わり，受け取ってもらえることは，とてもとても素敵なこと。

　だから，声が小さくてもいい。間違えてもいい。途中で終わってもいい。下手でいい。語ろうとしなさい。自分の好きな詩を，自分の作品世界のイメージで，自分の声で，自分の表情で，自分の目で，仲間に語り伝えなさい。

　ただ，これだけは言える。語ろうとして語った人だけが，人に自分を伝え，誰かに受け取ってもらえる喜びを体感できること。その喜びを知らないままでいることは，あまりにももったいないこと。

　あの4年生たちが，学びを積み重ね，5年生，6年生と成長していく。その大きな時の流れの中で，彼らは語り続けた。

　ある男の子が言った。「聞いてもらえていると感じながら，大好きな詩を語っているときは，ちょうど，温かいお風呂の中にいるような気分になれる。」

　ある女の子が言った。「自分でも満足のいく語りが終わって，大きな拍手をもらったときは，美味しいチョコレートが口の中で溶けたときのような幸せを感じる。」

その気持ちが，私にも，とてもよく分かるような気がする。

　語りを聞いてもらえたときの「幸せ」を体験した子どもは，だから，語りの工夫をしようとする。鏡を見ながら語り，表情と目を工夫してみる。自分の語りを録音し，聞き直しながら間・速さや声量を工夫してみる。そうして，自分の好きな詩をあの仲間たちに聞いてもらいたいという意欲を更に強くもちながら，教室にやってくる。

　6年生の国語教室。「語りたい人はいませんか？」と私は聞く。勢いよく，たくさんの手が挙がる。

「私の選んだ，私の大好きな詩を私らしく語ります。私の語りを聞いて下さい。」

　子どもたちの「心を耕す」，そのために，この文学作品の「語り」は，きわめて大きな意義をもつ言語活動である。

特集◎心の耕し──豊かでタフな人間性の涵養を

●

身近な自然に親しむと心が洗われ強くなる

●

菅井　啓之○すがい　ひろゆき
岡本　祐佳○おかもと　ゆか
山本　万莉菜○やまもと　まりな

はじめに

　自然の力によって心を深く耕し，たくましく豊かな人間性を育むためには，特別な環境も道具も方法論も必要ではない。先人は次のように述べている。

「趣を得るは多きに在らず，盆池拳石の間にも煙霞具足す」(菜根譚後集第5章)

　(おもむきを得るには，特別に数多き種々のものを要するわけではない。お盆のように小さい池やこぶしのような石の間にも風景は十分にそなわっている。)

(釋，1926：洪，2020)

　つまり，身近な足元の自然に目を向けることで，深い風情が十分に味わえるということである。ものや環境ではなく，それをどのように見るか，受け止めるかにかかっているというわけである。

　足元の自然をどのように見つめるのか。そこから何を学ぼうとするのか。見方ひとつで深く学び，自己を耕すことにつなげることもでき，また一方浅く見過ごすことにもなるのである。私たちの立ち向かい方ひとつということになる。

　以下に，自己を耕す自然の見方について実践事例を交えて多面的に探りたい。

1　大地に足をつけて歩む

〈大地に深く根を張るイチョウはた
くましい！〉
自然から学ぼうという視点をもって
散歩すれば，多様ないのちが独自の
姿をもって私たちに語ってくれてい
ることに気づく。

　街路樹のイチョウが根元から伐採された。昨年の冬は切り株だけが残されて
いたが，今春その切り株からひこばえが勢いよく生えてきた。なんとたくまし
い生命力！　生きている化石と称されるイチョウだが，厳しい環境の中，1億
数千万年を種として生き抜いてきた生命の力強い姿をこのイチョウから実感す
ることができる。このような再生力や復元力こそが生命のもつ底力である。で
は，その力はどこに隠されていたのだろうか。それは大地に深く張った根の力
である。地上部が切り取られても，地下部では根がしっかりとイチョウの生命
を支え続けていた。暖かい季節の到来とともにその潜在的な生命力が一気に発
現した姿がこのイチョウのひこばえである。
　この現象を私たちの日々のありようや暮らしに置き換えてみれば，風に吹き
さらされる地上部は絶えず何らかのストレスがかかるといえる。たとえ外圧に
よって枝葉が折れたとしても，根が地面深くに張り巡らされてさえいれば，や
がて復活してくる。見えない世界である根っこの部分を大切にしなければならな
ない。心の根っこをどのようにして養うかが，これから何が起こるかわからな
い時代に生きていく子どもたちには是非とも必要なことであろう。「心の根を
大地に深く張る」ということをもう少し具体的な活動としてとらえると，大地
という大自然に私たちの身心を積極的に向けることである。まずは，自然の中
に身を置くこと，そして心を自然に差し向けて目の前の自然の姿を丁寧に感じ

取り，観察してみることである。現代はあまりにも人工的な環境にどっぷりとつかりすぎているため，意識的に自然に向かおうとしなければ，ますます自然から遠ざかることになる。私たちは自然から離れたとき本来健全な自然性を見失い，身心にゆがみを生じ，本質から外れた活動へと引っ張られる。「地に足をしっかりとつけて歩む」ことが肝要である。「大地に足をつけて歩む」とは，自然に寄り添い，自然に親しみ，自然とともにいつも生きていくということである。

2　当たり前の自然を存分に楽しむ心

　自然に親しむ，触れるといえば，どうしても野山や川，海，森に行くことがイメージされる。しかし，必ずしも遠方の豊かな自然を求めて出かけなくとも，まずは足元の自然との触れ合いから気楽に始めてみることが大切である。身近な自然とは，近くの小さな公園や街路樹，道端に生える雑草などごく当たり前の足元の自然である。それらはあまりにも日常過ぎて，私たちは気にも留めることなくほとんど見過ごしている。改めて意識的に足元の自然を見つめることで，そこは発見，驚き，気づきの宝庫に変わる。要は，楽しむ心，面白がる気持ち，なんでも新鮮に見つめて驚く心さえ持てば，至る所に自然と触れ合い楽しめる要素は満ち溢れているのである。

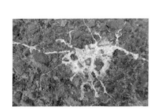

〈鳥のフンですら見事な芸術品〉
街の電柱の下にはよく鳥のフンが見られる。
これも見ようによっては抽象絵画そのもの。
偶然が造り出した世界にひとつしかない見事
な造形である。

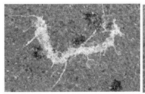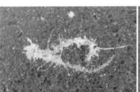

　こういうものを楽しもうとする遊び心，面白がる気持ちこそが心に余裕を生み出し，物事を俯瞰できるおおらかさを育てるのである。それもただ鳥のフンという見方にとどまらず，これは引力の成せる技であるととらえて楽しむのである。

3　たくましく生きる姿に勇気が湧く

　下の写真はともにエノキ（榎）である。左は町の電柱横の小さな溝に生えている。右はエノキの自然樹形で樹齢は70〜80年くらいだろうか。電柱横のエノキも50年もすれば電柱の太さをはるかに超える大木となる。このまま切られずに成長できればの話であるが。町のあちこちで見かける植物たちは実にたくましく生きている。その姿に学ぶところがたくさんある。

　雑草はいくら抜いても次々に生えてくるので，たくましく生きるものの代表のように言われる。しかし，雑草の生きる姿をじっくりと観察する人は意外に

〈溝でたくましく咲く雑草：ムラサキカタバミ〉
ほとんど土もないコンクリートの隙間という逆境においても，その環境で成長できる最大限の姿で堂々と生き抜いている！

少ない。改めて家の周辺や校庭を散策してみると，至る所の隙間にたくましく生きる雑草たちの姿を見ることができる。「雑草はたくましい」という概念や観念ではなく，本物の生きた雑草の姿から直接その生きざまを学びたいものである。雑草は他の植物が生えることのできない隙間を，実に巧みに生き延びている。その生きざまを改めて見つめるならば，たくましく生きるということはこういうことなのだと教えられる。力強い生命力を持った雑草や町の中の植物たちに触れることで，そのエネルギーが伝導され勇気が湧いてくるのを感じることができる。

4　自然美の感化力で心が磨かれ純化される

　すべての芸術は，自然の美しさを深く感じ味わうことから始まると言っても過言ではない。「ダメな画家は画家に学ぶ，優れた画家は自然に学ぶ。」（レオナルド・ダ・ビンチ）（布施，2002）の言葉にあるように，本当に私たちを導くものは自然そのものである。もちろんこれは絵画の話に限らず，音楽も詩もすべての芸術領域だけでもなく，心の豊かさや心の耕しにおいても自然から学ぶことは絶大なるものがある。そもそも私たちの行動や生き方の内奥には，その人の美意識が働いている。つまり美意識を深めることが，心の豊かさにつながり，ひいては心の純粋さやおおらかさ，たくましさにまでも大きく影響していくものであると考える。そのため教育の場においてはあらゆる機会に，積極的かつ意識的に自然の美しさに触れ親しむ活動を取り入れたいものである。

例えば，前ページの写真はケヤキの自然樹形（左）とアサリの貝殻の模様（右）である。ともにごく身近なもので，少し意識すれば出会える自然の美しさであり，このようなことに気づき楽しむ心をこそ日ごろから育みたいものである。

5　自然の季節変化を楽しむことが継続的に自然に親しむ習慣を作る

自然界は日々変化し続けている。その変わりゆく自然の姿を見つめ続けることで，その背後に働く自然界の不思議な力に触れることができる。日常的に様々な花が咲き始めたこと，いろいろな虫たちが活動していること，ツバメを初めてみたとか，セミが鳴き始めたという生き物の暮らしの変化などに関心を向けることが，そのまま他者へ思いを遣る（思いを向ける）ことに通じていくものだ。さらには，季節変化の妙を感じる繊細な心を育むことは一生豊かに自然を楽しめるという宝物となるのである。

6　「かたつぶりそろそろ登れ富士の山」

小林一茶の句である（荻原編，1935）。自然に親しむということは，自然のリズムに同調することである。自然界はゆったりと悠然と動いている。四季の変化もいつの間にか巡り巡って展開していく。それに比べて人々の暮らしのリズムはとても速くて忙しい。特に学校という教育の場はなぜかあまりにも忙しく，日々せかされている感じがある。心を耕すにはまず，落ち着かなければならない。だからこそ意識して自然界のゆったりと落ち着いた雰囲気を全身で味わうように努力したいものだ。悠々自適の心境こそが豊かな人間性そのものであるといえる。

「森の時計はゆっくり時を刻む」（倉本聰）

学校行事で森を訪れる機会があったとしても，ほとんどの場合は決められたスケジュール通りにあわただしく活動が流れていく。たまには森の時計の時の刻み方に心を向けてみることも必要であろう。小雨の日などかたつむりが活動

している姿をのんびり眺めるだけでも，私たちの暮らしの在り方に対する見方が変わるはずである。

　実践事例で取り上げる微小貝もかたつむりの仲間である。海の中では小さな体をゆったりと運びながら自分の世界を悠々と生きているに違いない。かたつむりや微小貝のように私たちもゆったりと校庭の四季の変化を味わって暮らしたいものである。

　次に，小学校での実践を通して自然との親しみが心を耕すことにつながることを見つめてみたい。

〈実践事例1〉　実践者：岡本祐佳 ………………………………………

「自然の季節変化を楽しむことで心を耕す」（対象：小学4年生）

　私たちは，日々季節の変化を感じ取りながら生活をしているが，それは心を耕すことにつながっているだろうか。なんとなく季節の移ろいを観賞するにとどまり，その奥にあるいのちの営みやつながりに気づいていないのではないだろうか。自然の季節変化を見ていくことは，単に表面的に自然を観賞するにとどまらず，そこに生きている生き物のくらしを知り親しみをもって自然と関わることで，おのずと他者への思いやりの心を育むことに直結するものである。また，季節の変化に敏感に気づくことは，生き物たちのいのちの営みのすごさを感じたり，目に見えているものの奥にあってそれを支えているいのちの存在にも思いを馳せたりする第一歩である。気づきが深まり自然の見方が変わると，今まで見過ごしていたことに気づけるようになり，目の前の物事に対する見方が変わっていく。一年間を通して継続的に自然を見続けていくことが，ものを見る目を育て，人生の歩みを方向付けることにもつながる価値あるものなのである。

　そこで，校庭にある生き物を継続的に観察するため，「季節だより」の学習を行った。まず，4月の時点で校庭にどんな生き物がいるのか，全員で探しに行った。その上で，季節だよりカードを作り，以前と比べて変わってきた様子や見つけたものがあれば自分の好きなときに自由に書いていくことにした。子

どもたちは思い思いに自分が日ごろ何気なく通ったり遊んだりしている場所で見つけた変化や驚きを記録した。以下はその一部である。

A児：4月は，クローバーも元気でくきものびていたのに，5月になるとくきもたれているし，葉がかれてきていてかれた葉がそのクローバーの横に落ちていた。（5月13日）

B児：テントウムシのよう虫が，葉っぱについていた。雨だから，生き物が出ていないと思っていたけど，いたからびっくりした。（5月17日）

C児：よう虫がやすんでいるのかなと思っていたけれど，よく見てみると，ちょっとずつ草を食べていて，小さなあながあることに気づきました。（5月18日）

D児：親鳥が赤ちゃんにえさをやっていた。4羽くらいのひな鳥にえさをあげるのが終わったら，はしの屋根のところに行ってひなを見ながら自分のごはんを食べていた（5月6日）。そして，17日くらいに見ると，ひなはいなくなっていた。

A児のカードからは，同じシロツメクサを見ても，4月と5月では，すでに様子が違うことが分かる。花が咲いているときは見ていてもその後どうなるかは意外と見ていないものである。ある児童が，枯れたシロツメクサの花が下を向いていることに気づいていた。なぜ色が変わり下を向いているのだろうと皆で考えるうちに，「中に種があるかもしれない！」「シロツメクサって種あるの？」と想像を膨らませていった。日ごろ植物を摘んで花飾りを作るなど，材料としてとらえていたシロツメクサへの認識が，少しずつ変わっていることが分かる。校庭の一角であっても次の子孫を残すための巧妙ないのちの働きが当たり前のようになされているとの気づきは，今までの認識を変え，やがて行動をも変えていくことにつながるのである。

B児のカードによると雨上がりの校庭を散歩したときには，直前で雨が降っていたにもかかわらず，多くのテントウムシの幼虫が葉についていた。じっと

していて動かない，何をしているのだろう，雨が降っているときはどうしていたのだろうなどと，疑問をもちながら子どもたちは小さな虫を見つめていた。また，C児のカードによると，次の日には葉を食べている小さな虫の存在に気づいている。これを，小さな虫にとって葉は，生きるために食事をする生活の場であり，小さな虫を育てるゆりかごだったのだと捉えることもできる。自然界の小さな営みを知ることは，ありのままの自然を見守ろうとする優しさを育てることにつながるのではないかと考える。

　さらに，D児の気づきを見てみると，自分のことよりも子どものことを気にかけて育てる健気でたくましい親鳥の姿への気づきがある。この児童のように，生き物を継続的に見て変化を感じ取る姿勢こそが大切である。

　このように，心を耕すとは，身近ないのちのつながりにどれだけ心を向け深く感じ取れるかという受け止め方ひとつであると言える。一人ひとりの気づきをどのように取り上げ価値づけるかで，今まで無意識だったところに意識を向け，純粋な気持ちで自然に親しみ，それを楽しめるようになる。それを季節の変化とともに継続していくことで，心を豊かにしていくことにつながる。また，自然を丁寧に見て直接学ぶことで，今までの思い込みが外れ，少しずついのちあるものとしての見方へと変わっていく。この見方の変革が大切で，このことが心を大らかにし，心が磨かれていくのである。

　今後も純粋な心で季節の変化を味わい，自然を見る目を養っていきたい。

〈実践事例２〉　実践者：山本万莉菜 ……………………………………………
「普通の貝殻の中に，美しさを感じる」（対象：小学４年生）

　身近な自然をじっくり見続けてみると，そこにはたくさんの自然の美が隠されていることに気づく。浜辺の砂を観察すると５mm〜１cmほどの小さな貝殻に出会うことがある。これは「微小貝」といい，この大きさで大人の貝である。普段生活していると，大きなものに目がいきがちであるが，よく見ると小さなたくましいいのちが存在する。

　「微小貝」はどこにでもある普通の貝である。丁寧に観察をすると，綺麗な

巻き方や小さくも細かい緻密な造形から美を感じる。「美しい」と感じる中には，必ず秩序がある。美には，心を豊かにしてくれる作用が働くと考えた。そこで，小学校4年生20名に微小貝の貝殻に素晴らしい美を見出す活動を実践した。

子どもが見つけた微小貝

微小貝をひとつずつ丁寧に取り出し市松模様に並べた後，虫眼鏡で静かに5分程度観察し続けた。

〈活動中の子どものつぶやき〉

A児：「形が緻密で綺麗」

B児：「好きなピンク色が入っていて可愛い」

C児：「この淡い色がいいな」

微小貝を観察することで，美をじっくりと味わっている様子がうかがえた。

〈活動後の児童の感想〉

D児：「小さな小さな貝でも美しいと気付くと気持ちも美しくなった気がします。次もしたいです」

E児：「貝はふつうだと思っていたけれど，虫眼鏡で見ると美しいと感じました」

F児：「貝拾いをすると，心がすっきりして嬉しかったです」

G児：「いつもは大きな貝しか見てなかったけど，小さな貝も綺麗だなと思った」

このように，微小貝をじっくり丁寧に観察することによって，身近な自然の美しさを多少なりとも感じることができたのではないだろうか。中には，心が洗われたと語る子どももおり，少しの時間の自然観察でも心の浄化作用がある

ことが分かった。

　しかし，「美しい」や「可愛い」という表現は，物の表面を見たときの感想に他ならない。今回の実践の中でも，色や形，大きさが可愛いと述べている子どもが多く，貝の名前を聞く子どももいた。それでは，本当に心が耕せているのか疑問である。「心を耕す美」を感じるには，自身の心の深まりが必要であると考える。

　本来，日本人の美の感じ方は，素朴な自然と一体になり味わうことであった。素朴な自然の中には，ありのままの完成した美の姿があり，それに触れることによって自身のものの見方・感じ方を耕し豊かさを育んできた。まさにその美から学び，心を耕してきた象徴が「わび・さび」である。微小貝も，じっくり丁寧に観察すると実は美は完成しているから，それにふれると心が耕されるのである。このように，日々，身近な自然の美を通して感じたことや，自分の生き方を豊かにする先人のものの見方・感じ方を学ぶことで，「身近な自然を楽しむ」見方ができる人格を育成することができるのではないだろうか。今回は貝殻から美を味わったが，普段の生活の中でも見ようと意識すれば美を感じることができる。例えば，満月は古くから自然美の象徴であり，多くの偉人が親しみを寄せる存在であった。そして，その美を深く味わうことで，自然への畏敬や感謝の気持ちや，自然と一体となったゆとりある心を育もうとしたのである。心を耕すために美に触れることで，美を味わって生きることにつながるのではないだろうか。

まとめ

　身近な自然にまなざしを向けることで，今まで気づいていなかったいのちの営みや，自然が秘めていた美しさに目覚めるきっかけができる。人は自然界の素晴らしさや美しさに触れるとなぜか素直になり，心が洗われるものである。この自然がもつ浄化力や感化力が，無意識のうちに子どもたちの心を深く耕し，豊かでたくましい生き方を促すように導いてくれるものだと確信している。それは，自然が私たちに与えてくれた宝である。

文献

布施英利『自然の中の絵画教室』2002，紀伊國屋書店

洪自誠著，野中根太郎訳『菜根譚コンプリート全文完全対照版』誠文堂新光社，2020

荻原井泉水編『一茶句集』1935，岩波書店

釋宗演『菜根譚講話』1926，京文社書店

特集◎心の耕し──豊かでタフな人間性の涵養を

●

〈茶道の学び〉と〈心の耕し〉
非日常の「和敬清寂」を日常化する

●

伊﨑　一夫○いさき　かずお

1　はじめに──〈茶道の学び〉における直接経験の持つ強み

　本稿は〈茶道の学び〉と〈心の耕し〉の実現との関連について考察し，その効果に結びつく特質を明確にすることによって，これからの教育に資する視座を提起することを目的としている。〈茶道の学び〉を取り上げるのは論者が半世紀近く茶道・裏千家の山藤社中として籍を置かせていただいていることによる。

　本稿では，まず〈心の耕し〉の実現つまり健全な〈こころ〉を育む教育活動における土台作りとして〈茶道の学び〉における「型」の習得の必要性について指摘する。次に，〈茶道の学び〉が直接経験の場であり，感性が刺激される場であることをコロナ禍において実施されたこども園での「お茶会」を例に検証した。そこでは，幼児教育における「環境構成」として設定された「お茶会」の持つ教育的価値を導出した。

　最後に，〈茶道〉の精神を四語で表した「和敬清寂」に通底する精神性は，〈茶道〉を「非日常」に閉じ込めることなく「日常」としての〈心の耕し〉として

位置付ける必要があることを指摘している。〈心の耕し〉の実現を可能にする〈茶道の学び〉は「心の教育」への有益な視座である。

2 「型」の持つ意義や役割に対する期待

〈茶道の学び〉と〈心の耕し〉の実現，つまり「心の教育」との関連性について考えることは，[なぜ今，「心の教育」を考えなくてはならないのだろうか]という問いに答えることである。「心の教育」の前提となる時代背景等について，梶田叡一は次のように述べている。

　（前略）端的に言えば，今，子どもの〈こころ〉が，若者の〈こころ〉が，そして現代日本人全体の〈こころ〉が，問題だらけの状態だからである。自己中心的な狭さを持ち，強靭さを失って弱々しくなり，豊かな意識の広がりを欠いた貧しいものになり，そして夢も志も失っていることは，誰もが薄々は気づいているのではないだろうか。例えば，子ども達の間に蔓延するいじめや不登校，すぐキレたり逆ギレしたりする若者，憂鬱症や引きこもりの爆発的増加，そして自分の子どもを虐待する親，親の生死にさえ無関心な人々，昔なら当然視されていた「健全な」〈こころ〉の在り方が，今や無惨にも崩壊してしまっていると言ってよい。

引用部分は「『健全な』〈こころ〉の在り方が，今や無惨にも崩壊してしまっている」と強い口調で締めくくられている。引用は『人間教育のために――人間としての成長・成熟（Human Growth）を目指して』（梶田，2016，p.71）からだが，初出は「今こそ本気で〈こころ〉の教育を」『教育フォーラム47号』（梶田，2011）である。10年前の論考である。

梶田は〈こころ〉を育てるためには，活動・体験・経験の重要性とともに，「具体的なポイント」については「きちんと教え，自覚させ，日常的に努力するように指導していかなければならない」（梶田，2016，p.79）とし，その土台作

りを教育活動において行う場合の視座を5点挙げている。その5つ目は次のようになっている。

> （5）一定の態度や行動の型を取らせ，それを繰り返していく中で，望ましい〈こころ〉の在り方を身につけていくようにさせる。(梶田, 2016, p.80)

　この(5)について，梶田は「特に現代において非常に重要な教育的意味を持つ」と付言した上で，具体的な活動として「日常の挙措動作」「スポーツや武道」「茶道・華道・書道など伝統的な技芸の練習や修業」「座禅などの精神修養」などを列記している。「型」の持つ意義や役割に対する期待である。

3　心の成長と「型」との対照

　精神的な態度形成を支える「型」と〈茶道〉との関わりは密接である。「守・破・離」と言われるように，〈茶道〉の一連のお稽古は「型」との「出会い」「折り合い」「和み合い」である。「守・破・離」は物事を学ぶ時の大切な基本姿勢であるとされる。

　〈茶道〉では，点前作法や客ぶりの稽古は「型」を習うことからスタートする。帛紗などの必須アイテムの扱いを学ぶ割稽古，点前のミニマムエッセンシャルズともいえる盆略点前を経て平点前といわれる基本点前へとお稽古は進められる。その間に，茶室での足の運び方，畳の座り方，挨拶の仕方といった所作や身のこなし方が少しずつ習得される。

　全ては「型」の連続であり，「型」通りにできるようになるまで繰り返される。師の教え通りに「型」を身に付ける「守」の段階なしに，次のレベル「破」「離」に移行することはない。知らないことはできない。知っているからといってうまくできるとは限らない。「守」がもつ学びの土台を形成することの重要性は，いつの時代においても普遍的である。

　〈心の耕し〉は「守」から「破」「離」に移行することによって，さらにその

価値を発揮する。「型」を乗り越える意志が工夫を促し，「型」に縛られない解放された〈こころ〉がその人ならではの生き方や生き様を実現させる。〈心の耕し〉は「豊かな心」に帰着する。

　〈心の耕し〉がとらえにくいがゆえに，心の成長と「型」との対照はメタファーとしての役割を果たす。現代では「型」にこだわらず自由にすればいいのではないか，という思いが主流かもしれない。しかし「型」があるからこその自由という考え方を否定することは困難である。

　「心の教育」だからといって，のびのびと大らかに振る舞わせ，見守っていれば良いということにはならない。「何を」「どのように」教えるか，〈茶道〉に限らず文化継承や教育に携わる者はたえず考え，工夫し続けている。

　さらに「豊かな心」を育成する「心の教育」のためには，直接経験，本物に触れる体験が必要である。間接経験が多すぎる現代だからこそ，〈茶道の学び〉は直接経験の場の実現を保障し，感性を刺激する場による具体的な〈心の耕し〉のモデルとして機能する。〈茶道〉という環境が心を耕し，その人ならではの人生の実現に寄与する，というフレームに学ぶことは多い。

4　幼児教育における「環境構成」と直接経験の場の設定

　直接経験の場の実現について，幼児教育は「環境構成」という用語を用い，その重要性を自覚している。環境構成とは，幼児が自発的に周囲の環境と関わり，成長や発達を育めるような環境を保育者が考え，準備・設定することである。幼児にとって長時間を過ごす園での生活は絶好の直接経験の場である。園内の「ヒト・モノ・コト」に関わる環境の充実は，幼児の人格形成に直結する。

　環境は，「物的環境」「人的環境（教師や友だち，身の回りの様々な人）」「自然的環境（天候や自然物，時間や空間）」などによって構成される。幼児は構成された環境の中で，提供される情報によって刺激を受け，物の配置等によって演出された空間を移動する。幼児によって受け止められた「情報」や環境内の空間を移動する「動線」もまた「環境構成」の要素として位置付くことになる。

「環境構成」の基本要素が「人」「自然」「物」「時間」「空間」「情報（刺激の量）」「物の配置，空間の構成による動線」「温度・湿度・空気の質」の８つに整理され，解説されることが多いのも，幼児の園生活の様子からすれば当然のことである。

　幼児教育の場に〈茶道〉が組み込まれることは多い。「お茶会」という「環境構成」である。論者が半世紀近く籍を置かせていただいている裏千家茶道においても，その機関紙である月刊茶道誌『淡交』等において園児を対象とした茶会は頻繁に紹介されている。

　しかし2019年度までは定期的に組み込まれていた茶道体験は，2020年３月以降その実施が困難になる。論者が関わっている岡山県備前市の公立こども園においても，2020年３月中旬に卒園を祝う「親子茶会」を計画・準備していたが，当然実施できなかった。こども園に保護者以外は出入りできなくなり，こども園の児童と大学生の交流なども行えないまま2021年を迎えた。

　しかし2020年夏ごろからは，裏千家をはじめ茶道に関わる関連団体等が発信した「新型コロナウイルス感染防止ガイドライン」等に基づく感染防止対策を十分に施した施設において，茶道教室や学校茶道は再開されていく。その背景や具体的な取り組みについては「〈茶道の学び〉と自己教育力と」『教育フォーラム67号』（伊﨑，2021）において述べたとおりである。

5　コロナ禍における「お茶会」の実施に向けて

　前述のこども園においても，５歳児の卒園に向けた取り組みとしての「お茶会」については「何とか実現したい」という関係者の熱意によって実施できるようになった。以下は，こども園の園長による保護者宛の「お茶会のお知らせ」の一部である。

　　（前略）さて，５歳児の卒園に向けた取り組みとして「お茶会（親子）」を
　　予定していました。しかしながらコロナ禍の中，安全面への配慮から飲食を
　　伴う親子行事は難しく，実施には至りませんでした。／それでも，教育の一

環として「茶道」に触れて欲しいと考えています。そこで，子どもたちと裏千家の先生と茶道部の大学生だけで実施したいと考えています。／来園者には，２週間の行動記録と検温を義務付け，当日報告していただきます。確認後，子どもたちとのかかわりを進めるようにします。／予定としては，下記のようにしていますが，状況に応じて中止も考えながら進めていこうと思います。（後略）

　このお知らせが出されたのは，2021年３月15日である。児童の卒園のギリギリまで園長が茶会の実施を模索していたことがうかがえる。「子どもの学習体験は保障してください」という備前市教育委員会幼児教育課長からの一報が届いたのが，お知らせの前日の３月14日である。実施日は卒園式後となる３月25日である。コロナ禍が教育現場に落とした影響は大きい。

　しかし教育者としての信念はそうした困難を克服する。「お茶会」という「環境構成」によって卒園というタイミングを最大限に生かし，「環境構成」の「人」「物」「時間」「空間」「情報（刺激の量）」「物の配置，空間の構成による動線」などの要素を調整することによって，幼児のさらなる成長とその内実をステップアップさせたいという〈こころ〉にあふれている。その熱意が幼児の〈心の耕し〉に結びつく。

6　特別の「環境構成」となる園児の「お茶会」

　写真①②は「お茶会」で見せてくれた二人の園児の表情である。二人とも自分で点てた抹茶をいただいている時の様子である。手にしている抹茶碗には「桃太郎」「一寸法師」「猿蟹合戦」などの昔話のイラストが描かれている。傍らには大学茶道部の学生がいる。お菓子のいただき方や，抹茶の点て方などをサポートしている。服装は作務衣である。マスクをしているので大学生の表情は分かりづらいが，園児を見守る眼差しは優しく温かい。「環境構成」の「人」に関わる機能が十分に発揮されている。

　写真③は「お茶会」の全体の様子を撮影したものである。右側に位置する学生が写真④のように「盆略点前」をしながら点前道具や手順について説明したり，園児への作業指示を行ったりしている。写真③の中央にあるように野点傘をセットした。野点傘に添えられている歌花筒の上部には短冊，下部には花が入れてある。「お茶会」は密を避けるため午前・午後の2回開催としている。大学生のスタッフも2チームに分かれている。

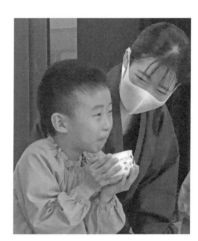

写真①・写真②　「お茶会」での園児の表情

写真③　「お茶会」の全体像

写真④　「盆略点前」

　茶会に用いる短冊は画賛であっても言葉は禅語であることが多い。しかし今回の「お茶会」の主体者は園児である。そこで学生たちは写真⑤のような短冊を用意した。手書きのカラフルな遊び心あふれる短冊である。午前と午後とで使い分ける。

　歌花筒の花は園庭の片隅に咲いていた菜の花である。日常としか言いようのない事物による短冊と花だが，写真③のようにしつらえるとそれなりに位置付き，一定の効果を演出する。園児に対しては特別の「環境構成」として機能する。

写真⑤　手書きの「短冊」

7　「環境構成」の持つ衝撃性と言語化

　写真③④⑤という室礼（しつらい）は園児にとって「非日常」である。「お茶会」が行われている部屋はいつもの部屋である。しかしこの日の「ヒト・モノ・コト」が普段とは全く違う。シンプルな構成であっても「非日常」が演出される。「非日常」の「環境構成」が子どもたちの感性を活性化させる。入室してからの「見るもの」「聞くもの」「いただくもの」などの刺激や情報が子どもたちの〈こころ〉を突き動かし〈心の耕し〉の実現に寄与する。

　子どもたちは〈茶道〉の作法のほんの一部を体験しているだけである。大人や〈茶道〉のお稽古をしている人にとっては「単なる表面的な体験に過ぎない」と映るかもしれない。しかし「見るもの」「聞くもの」「いただくもの」などの刺激や情報は，年齢が小さいほどそのインパクトは衝撃的なものとなる。

　大人にとっては「表面的」「小さなこと」であっても，園児にすれば衝撃の連続となる。「お茶会」という「環境構成」が最大限の効果を生み出す強みである。その証左の一つが写真①②の園児の表情であろう。

　このこども園では，降園の前にその日の活動をふり返る場を意図的に設定し

ていて，言葉による「ふり返り」を行う。「お茶会」のふり返りとして園児た
ちは次のような内容を自分の言葉で紡ぎ出していた。ボキャブラリとしての使
用語彙は限られているが，言葉の発し方にはそれぞれの子どもによる違いがある。
一気に話し終える子どももいれば，「……はね，……でね，えーっと……」と
幼児特有の話しぶりの子どももいる。

　・お菓子は，とても甘くて，すぐになくなった。

　・お茶は，苦くて甘くておいしかった。全部飲んだ。

　・お姉さんは，優しくていい匂いがした。

　この日のお菓子は両口屋是清の「二人静」を使った。「二人静」には，卒園
という節目の時に意識してほしい「あなた」と「もう一人」。先生，友だち，
おうちの人など，「あなた」に関わる人を想ってほしいという願いを込めている。
〈茶道〉ではよく出現するいわば定番の取り合わせである。

　ただ席主がこうした思いや意図を説明することはほとんどない。その想像
は客側に委ねられている。こうした〈茶道〉の考え方は幼児教育の「環境構
成」と重なり合う。「二人静」という菓子銘をはじめ，その意図を園児に説明
することは難しい。傍らにいる大学茶道部の学生が「かわいいお菓子だね」「お
いしい？」「甘いね！」と言葉をかけてくれる対話の場が存在するだけである。
しかしその「環境構成」が園児の〈こころ〉を育む。言葉のやり取りを生む。〈心
の耕し〉のプロセスとして位置付く。

8　おわりに──〈茶道の学び〉への期待と日常化

　「お茶会」という「環境構成」が園児にとって「非日常」な直接体験の場で
あることに相違ない。価値ある場の継続が〈心の耕し〉の実現に寄与すること
も確かである。だから学校茶道は着実に位置付き発展してきた。しかし，だか
らこそ「非日常」が一過性のイベントとなることは避けたいものである。

　〈茶道の学び〉に内在する価値そのものを「非日常」に閉じ込めてはいけな
い。わび茶は「市中の山居」と言われる市中にありながら山里の草庵を思わせ

る風情と共に歩み始めた。しかしその歩みは茶室という都会の真只中に出現し
たバーチャルな空間への逃避ではない。俗世間とは違う特別な空間である茶室
に込められた願いは，現実社会を生きながらどこにあろうと自身の向かい方で
生きるという精神性の実現にある。目に見える環境ではなく，そこにいる自分
という存在の在り方，「今ここを生きる」自分自身のアイデンティティの確立
という側面に着目しておきたい。そこに「心の教育」が実現されるヒントが込
められている。

　現代人にとって〈茶道〉で用いられる道具や所作が「非日常」であることは
確かである。わび茶成立の時代と現代の暮らしぶりが同じであるはずはない。
現代人の〈茶道〉は「非日常」の連続である。しかし昔の茶人の暮らしぶりが，
その時代の日常かどうか，問うてみる値打ちはある。「市中の山居」へと駆り
立てたその時代に生きた茶人の「日常」と「非日常」は，生き方に関わる豊か
な文化として形成されていく。そこに位置付く「侘び・寂び」という「ものの
見方や感じ方」は現代に相通ずる。「日常」と「非日常」をどのように調整し
「心の教育」として具体化するかは，〈茶道の学び〉に内在する価値の顕在化と
軌を一にする。

　〈茶道〉における「おもてなし」は人間同士の基本的な関係性構築への知恵
である。「目配り，気配り，心配り」による表に出過ぎない控えめな対応が「も
てなし」に「お」を付けさせた。「おもてなし」は顧客に対する単なる接待や
「service」ではなく「Hospitality」である。「Japanese Hospitality」と言って
も良い。「Japanese Hospitality」は昔も今も同じである。

　〈茶道〉が「おもてなし」として一服のお茶を呈するときには，お茶を点て
ることに関わる重要な茶道具一つひとつを丁寧に清める。「拭く」ではなく「身
を清める」「心を清める」の「清める」である。それは「cleaning」ではなく「purify」
である。今自分がいる場所や置かれた立場をわきまえ，自分や他者の良さや価
値を見極め，互いを思いやる努力が「照一隅」につながる。「purify」の発揮
される場が「非日常」だけであるとすればそれは絵空事になってしまう。

　〈茶道〉の「一座建立」は，「おもてなし」と「清める」に徹する亭主に対し，

客も相応の「心配り」で応ずる「心の交流」によって生み出される時間と空間に存在する。〈茶道〉は数ある伝統文化の中では珍しい「参加型の体験」によるイベントである。茶道体験そのものは「非日常」かもしれないが，体験そのものは日常生活の一コマとして組み込まれていく。

　こうした〈茶道〉の精神を四語で表した言葉が「和敬清寂」である。「心を合わせること」「お互いを敬いあうこと」「清らかであること」「寂びた美であること」は，「harmony」「respect」「purity and tranquility」と英訳される。「おもてなし」と「清める」という精神文化が「harmony」と「respect」を生み出す。これらの精神性は日常を生きる知恵である。

　こうした精神性が「非日常」であって良いはずはない。梶田の「『健全な』〈こころ〉の在り方が，今や無惨にも崩壊してしまっている」に応ずるためには，「非日常」ではなく「日常」として〈心の耕し〉を実現する必要がある。〈茶道の学び〉のきっかけが「非日常」であっても，お稽古によって得られる驚きの連続が日常の実感に根付いていけば〈心の耕し〉は日常として位置付くことになる。「非日常」も繰り返されれば「日常」になる。こども園の園児の表情は〈茶道の学び〉への期待を裏切らない。

参考文献

伊﨑一夫「〈茶道の学び〉と自己教育力と」梶田叡一責任編集・日本人間教育学会編『教育フォーラム67』金子書房，2021

梶田叡一『人間教育のために──人間としての成長・成熟（Human Glowth）を目指して』金子書房，2016

梶田叡一「今こそ本気で〈こころ〉の教育を」梶田叡一責任編集・人間教育研究協議会編『教育フォーラム47』金子書房，2011

特集◎心の耕し──豊かでタフな人間性の涵養を

●

武道（居合道）による〈心の耕し〉

●

中村　哲○なかむら　てつ

はじめに

　私が，武道に関与するきっかけは中学生時代であった。昭和35（1960）年4月に入学した神戸市立飛松中学校は，神戸市内でもベスト3に入るほどの大規模校。生徒数が最大になった時は，私が2学年の時で1学級55名の18学級，3学年の学級数は22学級，1学年の学級数が16学級で，生徒数が約3,000人の学校であった。これほどの大規模校だったので，喫煙，万引き，喧嘩などの生徒たちの問題行動も見られたのであるが，市内では評価が高い中学校だった。その主な理由は，自然に恵まれている学校であることが指摘できる。六甲山脈西の須磨山麓に位置し，戦前の宮邸の跡地に新制中学校として建設されたので，校庭には四季を映す様々な樹木と清流もあり，自然の精気が生徒たちの心を浄化する学校環境と言えた。そして，20代や30代の若い先生方が多く在籍されていたこともあり，教師と生徒の絆が，勉学，クラブ活動，日常生活を通して強かったことも挙げられる。

　中学校時代は人間形成において重要な時期であり，その時期に影響を受けた価値観が自己としての人格の中核を形成する。私の学校生活を省みる時に，中

学時代に過ごした学校環境と交流できた先生の影響が人間形成の基盤であった。特に，岡山大学教育学部を卒業され，社会科担当の新任の岡邉博先生からの影響が大きかった。先生は武芸の源流とされている竹内流の担い手。竹内流は戦国時代の初期に竹内久盛によって創設され，捕手，腰之回小具足，羽手（柔術），棒，剣法，十手，鎖鎌，槍，薙刀なども含む総合武術である。クラブではなかったが，同好会として先生から羽手（柔術）の形を教えてもらっていた。柔術の形には，突き，蹴り，投げ，絞めなどがあり，最初は生傷が絶えなかった。しかし，この稽古を通して相手と呼応する体捌きや業が決まる瞬間を味わったのである。この瞬間は，業の動きに双方の動きが合致し，自我を忘れる体験であった。この体験が，高校時代に剣道，大学時代に少林寺拳法と居合道，さらに還暦を過ぎてから弓道を始め，現在でも居合道（全日本居合道連盟の範士九段），弓道（全日本弓道連盟四段），剣道（全日本剣道連盟弐段）を稽古する原動力になっている。特に，大学時代に始めた居合道が私にとって心身の鍛錬を続ける中枢となる武道である。

　そこで，主に居合道の業と理を踏まえて「武道による〈心の耕し〉」の真髄を考察したい。

1　居合道による〈心の耕し〉と業稽古

　居合道を始めるようになったのは，大学入学後である。高校時代に剣道で腰を痛めたので，入学時に大学でも武道を継続したいと少林寺拳法部に入部していた。しかし，昭和43（1968）年度の2学年後半から学内では70年安保闘争による学園紛争が激化し，学生運動家を核にして大学封鎖が決行されたのである。その間は，大学の授業も部活動も停止状況であった。自分なりに心の置き所を模索していた時に，市内のお寺で居合道稽古がされていることを耳にして道場を訪問した。その時に，お会いしたのが，相原勝雄先生（1899〜1989）。先生は，池田勇人元総理の秘書をされていたこと，仙台藩出身で幼き頃から剣道をされ，第1回明治神宮競技大会（1924年）にて優勝されたこと，居合道の

流派は伯耆流で段位は九段とのことであった。先生は小柄だったが，その演武は品の高さを醸し出していた。稽古では，弟子たちの業の問題を指摘されるよりも良さを褒める指導であった。私は昭和50年4月に秋田大学に就職することになり，同年3月に五段を取得するまで相原先生から居合道を指導していただいた。

居合道の開祖は，天文年間（1540年ごろ）に羽州村山郡舘岡在林崎村（山形県村山市大字林崎）に生誕した林崎甚助重信である。甚助は永禄年間（1560年ごろ）に林崎明神に祈願して抜刀の妙を悟り，神無想林崎流を起こした。その後，彼の高弟である田宮流開祖の田宮平兵衛重正，関口流開祖の関口弥六右衛門氏心，伯耆流開祖の片山伯耆守久安などによって全国に居合が広められたと言われている。

これらの居合の流派において，私の流派は伯耆流である。この流派の開祖は，片山伯耆守藤原久安である。久安については我が国最古の武芸列伝で，1716（享保元）年に刊行された『本朝武芸小伝』では，次のように記されている。

「片山伯耆守藤原久安は，刀術を好み，抜刀妙術を悟る。或時阿太古社に詣で精妙を得ん事を祈る。是夜貫の字を夢みる。覚て後惺然として明悟す。関白秀次公其術の精妙なるを聞き，営中に召して，其芸を学ぶ。慶長15年庚戌仲呂八日其芸を以て参内し，従五位下伯耆守に任ぜられ芳名四海に顕る。後周防に赴き，又芸州に移る。後周防において死す。」（日高，1920，pp.95-96）

久安は天正三（1575）年に出生し，慶安三（1650）年に亡くなっている。同時代の武道家としては宮本武蔵（1645年没）や柳生十兵衛（1650年没）が挙げられる。文禄五（1596）年正月に京都愛宕社に参籠し，剣術の精奥を得た。

そして，豊臣秀次と豊臣秀頼の剣術師範を務め，慶長15年（1610）に後陽成天皇に召されて，伯耆流の極意技「磯之波」を天覧に供した。その際に従五位下伯耆守を任ぜられ，全国に知られるようになった。豊臣家滅亡の後，元和元

（1615）年に周防岩国藩主吉川広家に客分として迎えられ，岩国藩を根拠にして芸州を始め九州においても片山流剣術を指導された。久安死後においても片山家は，幕末まで吉川家の師家として任を務めた。そして，片山流剣術に関する伝書約60点は，片山家八代当主片山武助によって昭和19年に吉川報効会に寄贈され，現在では岩国徴古館に所蔵されている。

　相原先生から伯耆流の指導をしていただいた約6年間に，伯耆流の業31本（表の業6本，中段の業9本，その他の業16本）を稽古することができた。

　居合道の業は座業と立業に大別できる。伯耆流では，表の業6本は，すべて座業である。中段の業は，4本が座業，5本が立業である。その他の業は，5本が座業，11本が立業となっている。基本的に，表の業，中段の業，その他の業の順番で稽古年数の増加と段位の昇段に応じて業稽古がなされる。そして，五段までは表の業と中段の業の稽古に終始する。六段取得からその他の業の稽古を開始するのが通例である。なお，居合道では多くの流派があるが，すべての流派が共通しているのは，自ら相手を攻撃する業ではなく，相手の仕掛けに応じる業で構成されていることである。

　このような業のカリキュラム構成を踏まえて各稽古では，師範によって各業を弟子が習得できる指導がなされる。例えば，業の中では基本形になる中段3本目の「追掛抜」の指導過程を取り上げる。この「追掛抜」は，「前を歩いて居る者が，後ろに向き直って斬りかかろうとするのを，急に抜き打をもってその右脇を斬り上げ，更に斬り下して倒す業である」（広島剣友会，1975，p.29）。この業を師範が指導する場合には，最初に師範がこの業を演武する。弟子たちは，この師範の業演武を見ることによって業の全体像の理解を図るのである。次に，師範はこの業の一連の流れを，最初の「前を歩いて居る者が，後ろに向き直って斬りかかろうとする」動きを察知する動作，この相手の攻撃に対して「急に抜き打をもってその右脇を斬り上げ，更に斬り下して倒す」抜刀をする動作，そして，抜刀した刀を鞘に納める（納刀）動作を主にして指導する。その理由は，居合道のすべての業が，抜刀を基軸に抜刀前（察知），抜刀，抜刀後（納刀）からなる一連の動作になっているからである。その意味では，業稽古は師範の

模範演武をモデルとして，各弟子が察知，抜刀，納刀を師範の指導によって洗練する反復動作である。

　特に，このような業稽古において，察知の動作では「相手の機先を制する」こと，抜刀の動作では「斬り付け」の刀法，納刀の動作では「残心」の心構えが基本になる。「相手の機先を制する」仕方としては，①先先の先（先の先），②先（対の先），③後の先（待の先）がある。①先先の先は，相手が何等の仕掛けを示さないが，害があることを未然に察知して，相手の仕掛けの前に機先を制する方法である。②先（対の先）は，相手がこちらの隙をみて，刀の柄に手を掛けたり，刀を抜いたりする動作の機先を制する方法である。③後の先は，相手が既に抜刀し，切りかからんとする動作の機先を制する方法である。(中村，2001，p.46)

　これらの機先を制する抜刀の方法が「切り付け」である。「切り付け」は，片手操作で次の4方法がある。①相手の顔面を上から下へ切り付ける。②相手の右肩から斜めに切り付ける。③相手の体を横から水平に切り付ける。④相手の右脇下から斜め上方に切り付ける。これらは各流派の基本型において最初に発せられる片手操作の抜刀である。前述の「追掛抜」では④相手の右脇下から斜め上方に切り付ける方法が採られている。そして，この「抜き付け」は片手操作により相手の戦意を制することが目的で，相手の命を絶ち切ることはしないのである。しかし，相手がなおも攻撃を続けてきた場合には，両手操作によって相手の頭を切り裂く「斬り下ろし」によって相手を必殺するのである。

　納刀の動作は，居合道の業が攻撃を掛けてきた相手を必殺するだけであれば，必要とされない。しかし，居合道では必殺直後から「納刀に移る途中，又納刀し終わったときでも始終油断のない心を残す事と姿勢，態度をくずさない心構え」としての「残心」が必須とされている。このように「残心」が，特に納刀の際に重視されるのは，「残心の構えを取る業合に位がにじみ出る」とされ，演武者の品格が醸し出される動作だからである。

　このような業を修練する要訣としては，次のことが指摘される。「(1)抜刀，納刀が極めて自然である事。(2)業の理合いを十分に会得して，その理に基き，

動作と運剣の遅速強弱を自得する事。(3)坐作，進退，運剣の際，いかなる時と雖も自己の丹田に気力が充実して居る事。(4)抜き打ちから最後の勝（斬下し又は打下し）をつける迄，その運剣は少しも渋滞（止まる）してはならぬ。(5)残心を忘れた居合道は死物である。(6)息を吐く時心身の体は實で息を吸いこむ時の心身の体は虚なり。(7)表の働きは，その裏の力，眼に見える所の働きは眼に見えぬものゝ力の表れである。(8)道の修養の根幹は，表に現れぬ所に着眼して，内の正しい心の働きの完成を期する修養である。」（中村，2011，pp.29-30）

　これらの業の稽古においては，刀操作の技法を踏まえながら呼吸，目線，体捌き，丹田，気力，残心，心の働きなどの心身の有り様が相互関連的に縫合されるのである。したがって，居合道では基本業に基づいて構成されている型を鍛錬することによって各流派の正しい業を体得し，運剣の速度と斬撃の強さを練磨し，品格ある境地（こころ）を築き，耕すことができるのである。

2　居合道による〈こころの耕し〉の「位事理」

　前述したように居合道は，日本刀を抜刀することによって相手の不意の攻撃に対して，瞬時に応じて相手を制する刀法である。居合という用語は，人間が行住坐臥のいろいろな行為をする場に居ることを意味する「居」と人間が他と関わり合う様を意味する「合」によって合成されている。その意味では，剣道などの立合のように刀を抜いてから勝負する刀法とは異なる。むしろ，歩いて居る時，座って居る時，寝て居る時，あらゆる状況において臨機応変，当為即妙に対応する刀法である。しかし，その刀法は相手を殺傷する業になっているが，その業稽古を通して品格ある境地を築き上げる自己の人間形成を図る意義を有する。この意義は，居合道だけでなく，次のように武道としての共有意義でもある。

　「武道は，武士道の伝統に由来する我が国で体系化された武技の修錬による心技一如の運動文化で，柔道，空手道，剣道，相撲，弓道，合気道，少林寺拳法，なぎなた，銃剣道を修錬して心技体を一体として鍛え，人格を磨き，道徳

心を高め，礼節を尊重する態度を養う，国家，社会の平和と繁栄に寄与する人間形成の道である。」（日本武道協議会「武道の理念」平成二十年十月十日制定）

このように明記されているように武道の目的は，人間形成である。その人間形成としては，自己の人格を磨く我の側面と国家，社会の平和と繁栄に寄与する我々の側面の関与が求められるのである。しかし，居合道も含めて武道の稽古を始める動機は，自分が強くなりたい，試合に勝ちたい，自分を鍛えたいなど我の側面の関連が100パーセントである。「国家，社会の平和と繁栄に寄与する」我の側面に関心を有する武道初心者は少ないと言える。

私自身も平成20（2008）年の八段取得までは，我の側面との関連のみで居合道の意義を見出していただけであった。しかし，平成7（1995）年1月の阪神・淡路大震災や平成23（2011）年3月の東日本大震災の歴史上の社会的危機状況に直面することによって歴史的側面や社会的側面の関与を喚起されたことや居合道の業だけでなく，その業の理合や意義も視野に入れる武道論としての居合道の理にも関心が誘発されてきたのである。

例えば，前述したように伯耆流も含めて居合道では抜刀を基準に業稽古がなされる。しかし，伯耆流では刀を抜いてから（已発）の技法と刀を鞘に納めた状態での（未発）の技法も含めている。この伯耆流の武道観として次の特色が指摘される。

① 「武」の字源について，一般的に「戈を止める」と解される意味を「戈が止む」と捉える。「戈を止める」の捉え方は世の争乱を人為的武力の行使によって治めることを意味するのに対して，「戈が止む」の捉え方は天理の道理に応じて世の争乱は治まることを意味する。その意味では，伯耆流には人間界の所作だけでなく人間界を超えた存在を重視する神武思想や天人合一の考え方が根底にある。

② 居合は争う敵を倒すことではなく，「不争ノ利」をなすことである。敵対する相手を刀によって殺傷するのではなく，「刃ヲ心ノ鞘ニ納テ」，刀を抜かない「未発の居合」を旨としている。そのような居合が「戈が止む」状態（泰平）を生み出すことに通ずるのである。このように伯耆流の理念は，

「敵と和し，天地万物と相和する」ことにある。（片山，1647，pp.8-9）

現在では居合道修練の目的としては，「定められたところの武技を通じて，剛健なる身体を鍛錬し，己が精神の錬磨をなすにあり。換言すればその根本とするところは，いわゆる武徳修養の一点に帰す」（中村，2001，p.10）と述べられているように，居合道の修練によって健全な身体と精神の形成が目的とされている。この人間形成を図る上で，居合道は他の武道や芸道とも共通する方法として，「心，気，力，剣，体一如の心技を修業する」ことが大切とされる。すなわち，居合道においては刀法の業の修練によって心と体の統一を図ることが人間形成の基盤になるのである。そして，居合道だけでなく他の武道も，芸道も含めて貫道する理は心技体の体得であると言える。さらに，この心技体の体得の世界を伯耆流の「未発の居合」と「不争ノ利」の理の考え方（理論）では人間界だけではなく動植物界も包含する神，天，天地万物などの無限なる世界との合一や融合の関わりが示唆されている。

さらに，このような理の世界についての覚知は，業稽古の事（実践）と遊離して体系づけられるのではなく，事としての業稽古と表裏一体の関係性においてなされるのである。その覚知する機会が，稽古を通して相手と呼応する体捌きや業が決まる瞬間であり，業の動きに双方の動きが合致し，自他を忘れる体験であると言える。その体験は，自然に接した時に実感できる心の純粋さと類似する。さらに，西田哲学の根源である「純粋経験」とも言える。また，絶対者と自己の関係性を「絶対矛盾的自己同一」とも説明できる。あるいは，芭蕉が『笈の小文』の序にて，自己の俳句への創作的理念を次のように述べている。「西行の和歌における，宗祇の連歌における，雪舟の絵における，利休の茶における，その貫道する物は一（いつ）なり。しかも風雅におけるもの，造化（ぞうくわ）にしたがひて四時（しいじ）を友とす」。造化とは，「天地間の万物が生滅変転して，無窮に存在していくこと」「天地を創造し，その間に存在する万物を創造，化育すること。また，それをなす者」「造物主によって造り出された森羅万象」等の意味がある（松尾芭蕉『笈の小文』の朗読ホームページ）。

このように伯耆流の理とする無限なる世界との合一や融合の関わりは，武道，

芸道，絵画，文芸，邦楽，芸能，宗教などを含む日本文化の基底となる理であるとも言える。この伯耆流の理と事（実践）が融合されている伯耆流の極意とされる業が，「磯之波」の一刀である。久安が，慶長15（1610）年に後陽成天皇に召されて，伯耆流の極意技「磯之波」を天覧に供した業である。「右膝を立て坐せる場合に，敵が正面より切り付けて来るのを僅かに之を避け，其の脇腹を下より切り上げ，続いて立上がりて真っ向より摺り斬り流す動作なり」（中村，2001，p.11）。この業は，「その他の業」に属し，先に説明した「追掛抜」が立業であるのに対して座業であり，抜刀は下からの切り付けから，直ぐに立ち上がり，切り下す動作である。その意味では，伯耆流の業としては，基本形になる。そして，伯耆流の表の業，中段の業，其の他の業の名称は，「押え抜」「小手切」「膝詰」「返り抜」「切先返し」などのように抜刀動作に由来する業が多いのであるが，この業名は，「磯之波」というように自然現象名になっている。そして，この業の妙が次のように述べられている。

　「磯之波」の真理は到底筆舌に尽くすべきに非ず，又行って体得すべきものにして，論じて知るべきものでもない。されど其の名称によって，心理の片鱗を云はば，おほらかに，ゆるやかにあるが如くなきが如くにうねる沖の波が，磯辺に押し寄せるに従って其の姿を現はし，愈々磯にかかれば何物をも流し去り，奪い去って，後には一物をも止めず，再びゆるやかに沖へ帰へる姿か。（伯耆流居合道研究会済寧館道場，1997，p.40）

　業の動作が，自然現象の磯の波に同化する内容になっているのである。その意味でも，伯耆流の事（実践）と理（理論）が融合されている極意の業である。さらに，伯耆流では事と理の融合を通して生み出される世界が位とされるのである。「位は特に大切な修行目標の一にして幾多の修練を積み重ねた結果自然に身にそなわってくる品格の威力にて刀技理合に適い，心技自然に適いなば自ら位が生まれいずるものにして唯求めても得られず。」（伯耆流居合道研究会済寧館道場，1997，p.53）

　このように居合道の1流派である伯耆流であるが，根底となる「位事理」の教えは，日常生活も含めて私たちの人間社会だけでなく動植物も包含する地球

世界もひとつの存在としての心の耕しを可能とする指針であると言える。

おわりに

　本小論では，居合道の武道による〈心の耕し〉を，居合道における事としての業稽古と居合道における理としての位事理に基づいて考察してきたのである。

　居合道を含む武道による心の耕しは，事としての業の稽古を通して，理としての業の理合を感得し，その事理融合の業修練によって自然に醸し出される位（品格）の熟成である。さらに，その位は，自分たちの日常生活を含めた人間社会だけでなく動植物も包含する地球世界も視野にひとつの存在としての心の耕しを可能とする指針になる意義がある。なお，中学校時代に柔術稽古をした竹内流開祖である竹内久盛は，大学時代から居合道稽古を始めた伯耆流開祖の片山久安と，異母兄弟であると言われている。このことを知ったのは，還暦を過ぎた頃である。私が竹内流柔術も伯耆流居合道の稽古もするようになったのは，岡邉先生と相原先生との昭和時代の出会いであった。約500年前に生み出された武道（居合道）による「位事理」としての〈心の耕し〉の真髄は，竹内流柔術と伯耆流居合道の開祖が異母兄弟の関係であったことを知ることにより，時間空間を超えた脈絡として継承・持続されることを覚知したのである。

引用文献

日夏繁高『本朝武芸小伝』第日本武徳会本部，1920

広島剣友会『伯耆流居合道教書』広島剣友会，1975，pp.16-59

伯耆流居合道研究会済寧館道場（浅田幸一）編『片山伯耆流居合 弊帚自臨伝』伯耆流居合道研究会　1997

片山久隆『弊帚自臨傳』正保四年（1647年）巻一

「松尾芭蕉『笈の小文』の朗読」http://mukei-r.net/poem-basyou/oino-kobumi.htm

中村哲編『伯耆流相原勝雄範士居合道要訣抜書』伯耆流居合道研究会，2001

参考

和の伝統文化論 武道―居合道演武―（伯耆流、全居連制定，範士九段　中村哲の動画）

　https://www.youtube.com/watch?v=1kRAHUwO33I

特集◎心の耕し──豊かでタフな人間性の涵養を

●

スポーツ活動で「心を耕す」

●

比嘉 悟○ひが さとる

はじめに

　本稿では論題である「耕す」について自らの体験から考察してみたい。考察するにあたって踏まえたのは，元桃山学院教育大学学長梶田叡一氏の著書『学びと育ちのフィールド─人間教育の具現を求めて』（1994）の中，（p.21 4〜10行目）に記されている4つの記述である。自身の体験はこの4つの記述に値するものであり私の「心を耕す」ことに寄与するものであったと感じている。

　○新たな課題に挑戦して，自分の可能性を積極的に開発しようとすること，○新たな見方をしてみたり新たな何かに気づいたりして，自分の認識世界を広げ深めようとすること，○自分に本当にピンとくるのか納得できるのかを自己吟味しつつ，自分にとっての真実を追求しようとすること，○自分の責任において何かを判断したり選択したりして，自分が一個の主体であるという感覚・姿勢を強めていくこと。

　私は，幼少期からスポーツを通し体が鍛えられ，心も豊かになり，70歳まで，元気に前向きに生きてこられたことを感謝している。

　小学校では少年野球に夢中になりプロ野球選手に憧れた。中学校ではバスケットボールと出会い選手として，高校，大学，教員になっても続けた。さらに，高校保健体育教員になり部活動指導を19年間続け，その後，大阪府教育委員会に赴任し，体育館勤務，国民体育大会や全国高校総合体育大会の企画運営にも携わった。

　このように，体を動かすことだけでなく多彩な形でスポーツに関わりを持ち，その過程で精神的にも心を耕すことができたことに感謝している。

1　幼少の頃の遊びで開発された「運動神経」

　私は5人兄姉の末っ子である。幼少の頃は3男がよく私を連れて遊び回ってくれ，川の土手を走ったり転がったり，空き地があれば，相撲，駒回しやビー玉遊び等で運動神経が開発された。このことが，その後のスポーツ人生の根幹となった。

　人間は，スキャモンの発育曲線に見られるように，4つのカテゴリーに分かれて発育すると考えられている（Scammon, 1930）。発育曲線は，その発育を，20歳を100とした場合に，年齢ごとにどの程度成熟しているかを曲線によって表したものである。その4つのカテゴリーについて，以下に説明したい。

　①「一般型」─身体的な成長を表したもので，身長，体重，臓器を示す。2〜13歳頃まで緩やかに成長していき，14歳頃からは急激に発育し，18歳ぐらいでほぼ100％近くまで達する。②「リンパ型」─リンパ型は，免疫をつかさどるリンパ組織（扁桃やリンパ節など）の発育を表し，発育の特徴としては，6歳を過ぎると100を超えて最大で180％以上の発育をする。その後，12歳頃から急激に低下していく。他の組織の発育とは違った独特な曲線を描く。③「生殖型」─生殖器の発育を表す。生殖器の発育は，男性ホルモンや女性ホルモンの分泌を促進させる。生後から成長は非常にゆっくりだが，思春期の14歳頃から急速に発育していく特徴がある。④「神経型」─器用さ，リズム感に関わる神経系の発育で，脳，脊髄，感覚器の成長を表す。神経系組織の発育は，6

歳頃までに 100% 近くまで発育するのが特徴である。

　スキャモンの発育曲線から離れるが「プレゴールデンエイジ（3歳〜8歳）」という言葉の意味も紹介しておく。運動能力の基礎ができあがる時期で，神経系が急速に発育する。そのため，器用さ，リズム感，バランス感覚などの習得ができる。幼少の頃に多種多様な動きを体験することが，その後の人生を豊かにする一つの要因になると考えられている。

2　少年野球で「礼儀，挨拶」「助け合い」などを学んだ

　小学校高学年（10歳）では少年野球に夢中になり，当時の多くの子どもが憧れるように私も将来はプロ野球選手になることが夢だった。コーチは友だちのお兄さんで，地区大会の決勝まで行った実績もあるが，勝つことよりも皆と仲良くして助け合いや「礼儀，挨拶」を大切にするコーチだった。

　学校では，陣地とり，胴馬遊びなど体を使った遊びの中で「人間関係」の基礎が育まれ，皆と遊ぶことが大好きな少年だった。

3　「感謝の心」が養われた中学校部活動

　1962年（12歳）で大阪市立大正中学校に入学した。しかし，憧れの野球部が廃部になっており，入部したバスケットボールと一生の付き合いになるとは夢にも思わなかった。顧問の玉田祥介先生は技術指導はされなかったが，いつも生徒に寄り添い温かく見守ってくれた。

　コートは運動場で雨が降ると使用できず，翌日のコートの整備が大変だった。

　さらに，運動場の工事のあおりをうけ，バスケットリングが無残にも壊された。しかし，先生が技術家庭室で旋盤を使い，ボード支柱を木材で作り緑のペンキで塗装をして仕上げてくれた。世界で一つしかない素敵なもので，「見返りを求めない本物の指導者」との最初の出会いだった。その後，先生は大阪でもトップチームを作り上げた。「愛情と心の指導」が強いチーム作りの基本だと教わっ

た。

　このような環境だったので，3年間で技術は伸びることがなかったが，運動場での練習で足腰が鍛えられた。また，悪環境の活動で練習も自分たちで考え行ったため，創意工夫する中で主体性や実行力が養えた。さらに高校に行き，通常バスケットボールは体育館で練習することが当たり前だったと知った。私は体育館で練習できることに「感謝」することができ，中学校の悪環境が「感謝の心」を育ててくれた。

4　「憧れ・目標が人を動かす原動力」だと気づかされ高校受験

　高校進学は，バスケットボール強豪校の大阪市立天王寺商業（現：市立大阪ビジネスフロンティア高等学校，以下天商と呼ぶ）に行くと決めていた。

　3年生になり進路を決定する時，現在では想像できないことだが，生徒全員が体育館に集められ指導が行われ，壇上から学年主任が「天商へ受験する3人は無理だから変更しなさい」と言われ，他の2人はすぐ断念したが，私は，絶対に行きたい高校だったので悩んでいた。その時，担任の先生が，「悟，頑張れ，努力したら行ける」と力強く励ましてくれた。そのひと言でモチベーションが上がり努力を重ね，多い時は11時間も集中し勉強をした。「人事を尽くして天命を待つ」という心境で，合格発表を見に行くと，「43」の受験番号が貼り出されてあり，信じられなく何度も見に行った。

　この高校受験の体験で，自分の進む道を切り開くため，あきらめず「努力すれば，望みは叶う」ことを学んだ。言葉を変えれば自己有能感が育ち，その後の人生に良い影響をもたらした。この体験から，「憧れ・目標が人を動かす原動力」であることに気づいた。

　中学校からやり始めたバスケットボールがきっかけで，高校では，強いチームに行きたいという強い願望が，私の心を揺り動かした。スポーツで心が耕された大きな体験であった。

5　高校バスケットボール部活動で「耕された心」

（1）生涯にわたる心の支えになった，「コーチのひと言」………………

　1966年（16歳）で憧れの天商バスケットボール部に入部した。想像していた通り上手な選手が集まっていた。その中で技術が伴わない私を試合に使ってくれ驚いた。ある時，コーチが練習中，全員を集め，「比嘉はへたくそで，何にもできないけど，リバウンドだけは一番だから（バスケットボールではリバウンドを制するチームが勝つという格言がある），1年生でも試合に使っている」と説明があった。へんな誉められ方だったが，とても嬉しかったことを鮮明に覚えている。それから，自分に少し自信が持て，下手だったドリブルやシュート練習も意欲的に取り組み，上手になった。

　この体験で，人は，「誉められて伸びる」し「長所を伸ばしていくことで，弱点も克服できる」ことを学んだ。言葉を変えれば，人は何でも平均点より，ひとつだけ飛びぬけた一番のものがあれば，自信を持って生きていけることを体得できた。それ以後，そのことが心の支えになり，人生で悩んだ時に，この時のことを思い出し乗り切ることができた。

（2）大きな舞台で，1本のシュートから生まれた「心の余裕」………

　天商は，インターハイに当時10年連続出場していたので下級生の頃から大きな舞台を経験でき，場数を踏み精神的に強くなった。特に1年生の時，秋田で開催されたインターハイで，僅か50秒だが出場し1本だけシュートを打つ体験をした。大きな舞台での，その小さな体験から，1カ月練習しても得られない「心の余裕」が生まれた。地元に帰り大会に出場すると，プレッシャーに押しつぶされることなく，自分のことだけでなく，全体を見渡すことができ落ち着いて，そつのないプレーができるようになった。

（3）大阪府準決勝の試合途中，相手チームの選手にマッサージを施した

　高校２年生の大阪府総合体育大会での準決勝で，試合の途中で相手のチームの大黒柱が足がつったのを見て，いち早く駆けつけ足をマッサージして治してあげた。勝負師としては失格だけど，人間として，相手が困っているのを見過ごせない性格であることに気づいた。

　後で，なぜ，このような行動に出たのかと考えた結論は，両親が，どんな時でも困っている人を見たら，自分のことを後にして手助けしている後ろ姿を見て育ったからだとわかった。

（4）強豪高校チームの実践から培われた心…………………………………

　当時の天商バスケットボール部は，インターハイでは準優勝，国民体育大会では，３位の強豪校だった。しかし，入部してみると求めていた専任指導者はおらず，普段もコーチ（OB）が立案した練習メニューを生徒だけで練習する。また，体育館も１面しかなく練習可能日は週に３回だけで，しかも定時制課程もあり，２時間程度の練習という恵まれない環境だった。正直言って最初は驚き，不安の日々を過ごしたことを思い出す。

　その不安も日が経つに連れ解消され，強さの秘訣が理解できるようになった。具体的にあげると，練習内容は，一に基本，二に基本，三にも基本と基礎を徹底的にたたき込まれた。その後は実践に即した応用練習で，さらに長期の休みになれば全国に散らばっている優秀なOBが集まり練習試合で胸を貸してくれ強くなっていった。

　３年生で主将になり，チームをまとめることの困難さを味わったが，その苦しい過程でリーダーシップが培われた。３年間を振り返ると同じ目標に向かい心を一つにして，日々集中し練習を行い一歩ずつ前進し続ける，そんな当たり前のことをこなすことが，強いチームをつくる秘訣だと確信できた。私の学年もその結果，３年生の時に広島でのインターハイに出場することができた。秋に開催された福井国体にも，大阪選抜チームの一員として参加することができた。

　現在，世間では，部活動で勝利主義が横行し体罰が問題になっているが，私

の高校時代の練習体制と指導方法は，指導者の体罰を解消する一つの方法になると確信している。

6 「人間力を高められた」大学バスケットボール部の苛酷な生活体験

　1964年(18歳)に教師の夢を実現させる一歩として日本体育大学に入学したが，想像を絶する苛酷な生活だった。私は，バスケットボール部員350人のうち50人で共同生活をしている合宿所に配属された。部屋は4回生，3回生，2回生，1回生で構成され，1回生は3回生，特に4回生の身の回りのお世話が仕事で，部屋の清掃はもちろんのこと洗濯も担当。夜は公衆のお風呂に行き，先輩の背中を流しマッサージもした。

　新人の頃は早朝から挨拶に始まり，清掃の仕方，食事の作り方を2回生から指導を受けた。高校まで家庭の保護の下で甘い生活をしていたので，天国から地獄に落とされた気持ちで日々過ごした。今，振り返るとこの厳しい生活を通し，逆に当たり前の生活や温かい家庭の有難さが身に染みてわかった。

　この生活や規律だけなら耐えられたが，正座や行き過ぎた先輩の指導に，一人で何回も反抗したが大勢で押さえつけられた。ある事件をきっかけに，11人の1回生が団結しクーデター計画を立てるも失敗に終わり，私を含め5人だけ合宿所を逃げた。その後，紆余曲折を経て大学に戻り，4回生まで耐え最上級生になったら，この前近代的な組織を変革する決心で辛抱した。2回生になり，生活は1回生に比較して楽になったが，3回生，4回生の狭間で精神的に苦労した。

　4回生になり私が主将になった当初はチームが弱くなったが，4回生が力を合わせチームを引っ張り，理不尽な上下関係はなくし，下級生も気持ちよく生活・プレーができるシステムを構築した。その甲斐あり，春先は関東でも最下位候補だったチームが，秋のインターカレッジでは，準優勝という成績を残すことができた。

　その陰には，私が１年生の時に，アメリカの留学先から帰られた清水義明先生の存在があり，スポーツ最先端のアメリカで学んだコーチ力と，上級生下級生の区別なく良い選手は抜擢し，身長にこだわらず，適材適所に選手を配置する斬新な指導力が功を奏した。

　スポーツ，体育の最高学府で，素晴らしい指導者との出会い，バスケットボール（チームゲーム）は高さや身体的能力だけでなく，「チームワークが勝つための重要な要素」だということを，改めて学び，私が指導者になり実践するベースとなった。

　大学４年間を振り返ると，１回生の逆境生活を乗り越え，４つの力を身につけた。1つ目は文字どおり「理不尽に耐える力」，2つ目は「改革は時を待つ力」，3つ目は「改革は全員を巻き込む力」，4つ目は「リーダーの改革の強い意志力」が必要だと体得したのである。その力が，後の人生で困難なことに出くわした時に，適切な判断と解決策を与えてくれた。

7　高校部活動での指導実践で気づかされたこと

（１）はじめに………………………………………………………………
　1972年（22歳）に新卒で大阪府立羽曳野高等学校（現：懐風館高等学校）へ保健体育教諭として赴任し，19年間バスケットボール部の指導に当たった。その指導方法は，７年目までの指導と８年目以降の指導に分けて語ることができる。

　７年目までの指導を振り返ると，指導を始め２年目に大阪府下でベスト８に入り，近畿大会に出場することができた。その成果を自分の指導力と勘違いして，指導を続けた。適切な指導方法の研究はせずに，大学で学んだことをそのまま教え続けた。しかもワンパターンの指導方法で，さらにコート内の指導だけが練習だと解釈し，授業や基本的生活習慣などの指導は一切しなかった。また，練習で行き詰まったり試合に負けたりすると生徒の責任にして，さらに生徒が怪我をしたら，トレーニング方法のまずさ等を考えず，生徒の責任にして

いた。その報いが，7年目に1回戦で負け，大阪府で一番弱いチームという結果として現れた。同時に指導力が「ゼロ」であることに気づかされた。それ以降，心の中で「ゼロポイントの出発」と定め再出発を決心した。

その打開策となる指導方法を求めて，当時，全国高校バスケットボール大会で33回優勝を達成していた秋田県立能代工業高校（加藤廣志先生）を訪問した。到着して挨拶を済ませると，先生は私を，ストーブの火が赤々と燃える体育準備室に温かく迎えてくれた。「よく来たね」という労いの言葉とともに，「ところで君の選手は今どこですか」と尋ねられた。驚いて「はい，学校です」と答えると，先生は，即座に「一日たりとも選手と離れる指導者はただのコーチですね」と，続けて「3年，5年，10年間指導してインターハイに出場できなかったら，あきらめた方がいいよ」と優しく諭すように言われた。それを聞き全身に電気が走ったような衝撃を受けた。即座にお礼を言って帰るべきだとは思ったが，勇気を振りしぼり「先生，一日だけ勉強をさせてください」と，思いを伝え了解を得た。その夜は加藤先生が会食を設定してくれた。先生のお話を一字一句も聞き逃さないようメモを取った。

大阪に帰り早速，一日たりとも生徒と離れぬことを目標に指導を始め，職員会議で練習に出られない時は，練習メニューの指示をした。練習試合にも生徒と一緒に行き電車の中でのマナー等も教えた。私の真剣な態度に，部員たちの練習に取り組む姿勢や表情も変わり，成長していく生徒たちの姿に，私の心が洗われた。好きな酒も控え規則正しい生活を心がけ体調も整えて練習に臨むと生徒たちが宝のように見えてきた。1年間，加藤流指導の実践を繰り返すと，教えの本質がおぼろげながら見え，3年目には，夢にまで見たインターハイに生徒に連れて行ってもらった。加藤先生の一言で，私のバスケットボール観・人生観が変わった。

（2）「教えることは学ぶこと」と教えてくれた生徒との出会い ………

能代工業から帰り真摯な気持ちで生徒たちを見つめると，長所が見え始めた。新年度になり新入生の中で日々ひたむきな姿勢で努力する生徒と出会って心が

洗われ，バスケットボールの研修だけでなく，教科指導の研鑽にも励むようになった。その生徒の努力はすさまじいものがあり，早朝で１時間30分，昼休み30分，さらに，放課後の練習が終了しても，タイヤ引き等の体力作りなどを繰り返し，自主練習だけで約２時間30分費やしていた。この生徒の努力を真似るチームメイトも増加してきた。

　その結果，最高身長178cm，平均172cmのチビッ子軍団が，大阪府下で３位，さらに，近畿大会優勝チームと延長を戦えるまでに育った。この体験から，「生徒の可能性は指導者が決めることでなく無限である」ことを教えられ，さらに，「教えることは学ぶことだ」という信念も芽生えた。

（３）８年目以降は指導方針が明確になった。…………………………

　７年目までの失敗体験を活かし，目標や指導方法を明確にして指導を開始した。

　目標の１つ目は「指導者の基本的な役割を明確にし，選手の持っている４つの能力を伸ばすこと」である。①個々の才能に気づかせる，②自信を持たせる，③スポーツを楽しめる人間関係を育てる，④人間形成を養うことを目標に挙げた。

　２つ目は「指導者は，生徒が自信を持てる１番のものを作ること」を目標に設定し実践に入った。

　３つ目は「選手を信じ，さらに生徒の能力に限界はないと確信し指導する」。そのため，毎日，選手一人に一回，必ず声をかけることを実行した。毎日，ひと言のコミュニケーションで生徒の理解が深まり，堅い絆が生まれた。

　４つ目は「言い訳をしないこと」。私は，過去に「体育館が週に２回しか使えない，公立高校だから選手のリクルートができない」など言い訳ばかりしてきたので，創意工夫もアイデアも生まれなかった。悪環境の中でも，どのように努力したら，良いチームができるのかと「プラス思考」で考えることを習慣にした。

　５つ目は「結果を出す」。結果を出すことが，指導者や生徒の励みになり，

意欲的に取り組む原動力となることを学んだ。

　指導方法の習得の1つ目は「話術の習得」で，獲得するため四天王寺主催の仏教カウンセラー研修会に3年間通った。心理学ユング派の重鎮の河合隼雄氏の講演が特に勉強になった。「思うとおりにならない時が本当に面白い」などの名言も印象に残り，話の内容，言葉の抑揚，間の取り方などを学び，話術を磨き実践に活かした。2つ目は「指導技術の習得」でバスケットボールの技術書で知識を学び，技術研修会で生きた知識を習得し，科学的な根拠を理解した。その結果，練習メニューも豊富になり，生徒が意欲的に取り組み，少しずつ強いチームができるようになった。

8　「企画力」や「おもてなしの心」が養われたスポーツイベント

（1）「06総体ＴＨＥ近畿」インターハイは，大成功で終了　…………

　直接スポーツ活動をしていないが，体育館勤務や大型スポーツイベントに関わり，企画力や人間関係を学ぶことも多々あった。

　特に，平成18年8月に開催された「06総体ＴＨＥ近畿」にインターハイ大阪府実行委員会事業推進室長として，平成12年から下準備を始め，開催した18年まで足掛け6年間勤務した。財政難という厳しい状況での大会運営だった。簡素化，効率化をどう進めるかを模索し知恵と工夫で乗り切った。

　まず，19の競技専門部の先生や事務局のスタッフが裏方として，200％の力を発揮してくれた。自主的に夜遅くまで，苛酷な条件で準備を進めてくれ，それぞれが，五役，六役と獅子奮迅の活躍をしてくれた。「真の高校生のための大会」という目標を掲げ全員の合言葉にして頑張った。総合開会式は選手のコンディションを考慮し，屋内（当時，大阪府立門真スポーツセンター）で開催したので，炎天下実施の過去の大会のように，倒れる選手がいなかった。また，式典前の演技も既存の高校部活動の一環としてとらえ，単独の高校のブラスバンドやチアリーダーが活躍してくれ盛り上げてくれた。さらに，式典参加者は，貸し切りバスを使用せず，公共の交通機関を利用してもらった。式典運営も高校生の

ボランティアが中心に進行や会場整理などを担当してくれた。新規競技会場も建設せず既存施設を使用した。その結果，開催経費は他府県に比較して，大阪は約3億円節約することができた。

　大会運営は最高の施設で行われ，競技運営は，国際大会を経験しているスタッフを中心に高校生補助員も大活躍し，選手は最高のコンディションで競技ができた。全国の選手や監督から高い評価を受けた。このように選手本位の温かい運営が底に流れていたことが大会成功に結び付いたと思う。

　このように，スポーツイベントの成功には，互いに支えあった人間の結びつきがあった。私も「新たな心が耕された」大会になった。

（2）皇太子殿下の説明役を仰せつかった，まほろばインターハイの開会式…

　2009年7月28日，奈良県鴻ノ池陸上競技場で2009「近畿まほろば総体」総合開会式が開催された。総合開会式の皇太子殿下（現：天皇陛下）の説明役を仰せつかった。光栄だったが緊張のため前日は，眠れなかった。

　当日は，ご先導等要領通り対応をさせていただいた。お出迎えの時，一礼をして，「私は，全国高等学校体育連盟の比嘉悟です」と自己紹介をしたら，「比嘉さんは沖縄ですね」と優しい言葉をかけていただいた。その後，ロイヤルボックスまで先導し，殿下の後ろの説明席に座った。私は，テレビカメラの位置関係を考え椅子を後ろに下げたところ，間髪入れず，「下げなくていいですよ」と優しく声をかけていただいた。なんてこまやかな気遣いをされる殿下だと感激した。

　いよいよ各都道府県の入場行進が始まり，北の北海道から順に南へと県の説明に入った。最初に，県名，団長名を伝え，選手役員の総人数と活躍が期待される団体，個人を紹介するという段取りで，マニュアル通りに伝えていた。ところが，北陸地方に入り，石川県を富山県と間違って紹介したところ，「富山県ですか」と，優しく問いかけていただき，驚きすぐ「石川県です」と訂正をした。この思いやりのある態度，言葉遣いに感動した。その後は間違わず最後の沖縄県を紹介したら安堵した。その後も，奈良県の知事を含む昼食会（16名）にも出席させていただき，緊張しながら，いただいたことを懐かしく思い出す。

　このような体験は一生ないと思うが，翌日の朝刊に皇太子殿下の斜め後ろに，私も映った写真付きの記事が掲載されていた。この体験と新聞掲載の記事は，私の一生の宝物になっている。

　このような体験もスポーツと関わり活動を続けてきたことへの神様のご褒美と受け止めている。

結びに

　私は，ここまでに記したように，幼少から70歳まで年齢に合わせてスポーツを行い，体を鍛え健康を維持してきた。さらに，心を耕やされ精神的にも成長してきた。昨今，コロナ禍が続き，運動不足を補うため，早朝からテレビ体操を行い1年が経過した。これからも，スポーツと仲良く付き合い，明るく元気な生活ができるように努めていきたいと思う。

　結びに，おこがましいが，私の拙いスポーツ実践が，小学生，中高校生，大学生，アスリート，高齢者，部活動指導者の方々の何か参考になれば幸いに感じる。

参考文献

比嘉悟『指導者と生徒が光りかがやく心のトレーニング』ERP，2014

比嘉悟『"人間力"を育てる——スポーツと教育を貫く芯』学校法人日本体育大学，2016

梶田叡一『学びと育ちのフィールド——人間教育の具現を求めて』金子書房，1994

日本発育発達学会『子どもと発育発達』12(4)，杏林書院，2015

Scammon, R.E. The measurement of the body in childhood. In J.A., Harris, C.M. Jackson., D.G. Paterson, and R.E. Scammon, (Eds). *The Measurement of Man*, Univ. of Minnesota Press, Minneapolis. 1930.

特集◎心の耕し──豊かでタフな人間性の涵養を

●

〈心の耕し〉を生み出す 特別支援教育

●

阿部　秀高○あべ　ひでたか

はじめに

　現在，小・中学校では，現行学習指導要領の３本柱となっている「知識・技能」，「思考力・判断力・表現力」，「主体的に学習に取り組む態度」（図１参照），それぞれの育成に向けて，教育課程の再編成の取り組みがおこなわれている。３本柱の中でも，現行学習指導要領で特に強調されている「主体的に学習に取り組む態度」・「人間性の涵養」に関しては，教育の究極目標である人格の完成を目指して，これまで以上にシステマティックに長いスパーンで取り組むため

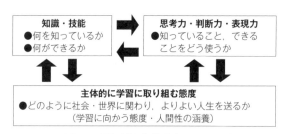

図１　現行学習指導要領の３つの柱

に，学校現場での教育の在り方全般を見直し，精査し，再構築が必要となっている。「主体的に学習に取り組む態度」とは，対象を「学習」としているものの，すべての生産・文化的な活動に対して，目的を持って自ら進んで他者と協力しながら，より豊かな人生を求めて活動していくことは，人間として目指すべき姿であり，そもそも人間性，人格の根幹を担う部分であるといってもよい。人間が自らを磨き，〈心を耕す〉ということは，人生を豊かに生きるために人と交わり，自らを高めていくことであり，それこそ教育の本来の目標であるといってもよかろう。

　こうした目標の実現のために，現行中学校学習指導要領の前文の中で以下のように述べられている。

> 　これからの学校には，こうした教育の目的及び目標の達成を目指しつつ，一人一人の生徒が，自分のよさや可能性を認識するとともに，あらゆる他者を価値のある存在として尊重し，多様な人々と協働しながら様々な社会的変化を乗り越え，豊かな人生を切り拓き，持続可能な社会の創り手となることができるようにすることが求められる。このために必要な教育の在り方を具体化するのが，各学校において教育の内容等を組織的かつ計画的に組み立てた教育課程である。
> （『中学校学習指導要領』平成29年（2017）公示，p.17　下線は筆者による）

　下線部のようにすべての生徒の可能性を引き出し，多様な人々との協働を求めていることから，一人ひとりを大切にした教育の在り方が求められるとともに，生徒同士がそれぞれの個性を認め合い，尊重し合う心のつながりを育てていくことの重要性に言及していることがうかがえる。こうした他者との心のつながりが育まれるのは，やはり，様々な活動の場の中でそれぞれの個性に触れ合う経験を積むことができる学校にほかならないと考えている。

　本稿では，〈心の耕し〉を生み出す特別支援教育として，特別支援教育が特別な支援を要する子どもたちのための教育であるとともに，すべての子どもた

ちの〈心の耕し〉につながる根源的な教育であることを，自らの教職経験に基づくインクルーシブ教育システムの構築や特別支援教育に学ぶ授業実践の在り方をもとに述べていくこととする。

1 〈心の耕し〉を生み出す特別支援教育

本稿テーマをあえて「〈心の耕し〉を生み出す特別支援教育」とし，〈心の耕し〉を特別支援教育，つまり，特別支援を要する子どもたちへの教育において生み出していくという文言にしたのは，筆者自身の長きにわたる教職経験，「研究者としての」学校，授業への関わりにおいて，特別支援学級の子どもたちの交流学級担任をしてきた経験と外部指導者として特別支援学級の子どもたちに関わってきた経験によるものである。本稿では，筆者自身が実感してきた特別支援教育に関わることによって生み出され，与えられてきた〈心の耕し〉，人間としての学びについて，振り返ることによって，特別支援教育が生み出す〈心の耕し〉について考察することとする。

（1） 特別支援教育からインクルーシブ教育システムの構築へ ……………
① 特別支援教育とインクルーシブ教育

近年，インクルーシブ教育という言葉を教育現場においてよく耳にするようになった。インクルーシブ教育と特別支援教育の概念には，平成24（2012）年7月の中央教育審議会の「共生社会の形成に向けたインクルーシブ教育システム構築のための特別支援教育の推進（報告）」（以下「報告」）にその関係性が示されている。この「報告」では，インクルーシブ教育という言葉が以下のように使われている。

- 障害者の権利に関する条約第24条によれば，「インクルーシブ教育システム」（inclusive education system，署名時仮訳：包容する教育制度）とは，人間の多様性の尊重等の強化，障害者が精神的及び身体的な能力

等を可能な最大限度まで発達させ，自由な社会に効果的に参加すること
を可能とするとの目的の下，障害のある者と障害のない者が共に学ぶ仕
組みであり，障害のある者が「general education system」（署名時仮
訳：教育制度一般）から排除されないこと，自己の生活する地域におい
て初等中等教育の機会が与えられること，個人に必要な「合理的配慮」
が提供される等が必要とされている。

• 共生社会の形成に向けて，障害者の権利に関する条約に基づくインク
ルーシブ教育システムの理念が重要であり，その構築のため，特別支援
教育を着実に進めていく必要があると考える。

• インクルーシブ教育システムにおいては，同じ場で共に学ぶことを追求
するとともに，個別の教育的ニーズのある幼児児童生徒に対して，自立
と社会参加を見据えて，その時点で教育的ニーズに最も的確に応える
指導を提供できる，多様で柔軟な仕組みを整備することが重要である。
小・中学校における通常の学級，通級による指導，特別支援学級，特別
支援学校といった，連続性のある「多様な学びの場」を用意しておくこ
とが必要である。

　この「報告」に述べられているインクルーシブ教育とは，様々なニーズを
持った子どもたちにより着実な特別支援教育を行うための教育システムや方
法の理念であると考えることができる。この「報告」で強調されているイン
クルーシブ教育をさらに明確に定義するため，概念的に整理しておきたいの
は，インクルーシブ教育につながる概念であるインテグレーション教育とイ
ンクルージョン教育との違いである。それらの概念について遡って調べてみる
と，平成13（2001）年の「21世紀の特殊教育の在り方について——一人一人の
ニーズに応じた特別な支援の在り方について（最終報告）」において，インテ
グレーションは，「障害のある子どもと障害のない子どもとが可能な限り通常
の学級において教育を受けることができるようにすると同時に子どものニーズ
に応じて特別な学級・学校における指導も行うことができる。」とされている。

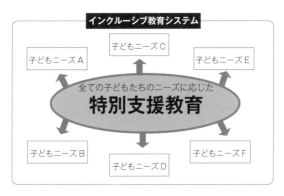

図２　インルクーシブ教育システム

　一方，インクルージョンについては，「障害の有無によらず，すべての子ども
を対象として一人ひとりの特別な教育的ニーズに応じて行うべきであるとい
う考え」とされている。インテグレーション教育とインクルージョン教育とは，
類似した考え方のようであるが，障害の有無によって子どもを分けないという
点，一人ひとりが違うことを前提として，全ての子どもに対して行われるべき
としている点で大きな違いがある。
　つまり，先の「報告」に述べられているインクルーシブ教育の定義としては，
図２に示したとおりインクルージョン教育とほぼ同義であり，共生社会の実現
のために全ての子どもたちのニーズに応じた特別支援教育を行うという考えで
あり，「報告」では，その考えである「インクルーシブ教育システムによる特
別支援教育」の実現の重要性が強調されているのである。
②　インクルーシブ教育システムの構築の目指すところ
　共生社会の実現を目指す上で，特別支援教育を「共生社会形成の基礎」とし
ていることに注目すると，ここでの「共生社会」とは「障害の有無やその他の
個々の違いを認識しつつ様々な人々が生き生きと活躍できる」社会である。ま
た，一人ひとり個性が違うからこそ「平等」ということが重要になる。違って
いることを理由に排除されないこと，平等に取り扱われることが共生社会では
欠かせない。

　教育条件の平等を目指すためには，障害や家庭環境など様々な原因により同一のスタートラインに立てない子どもたちに対し，配慮し支援する教育条件を整えることが重要である。必要に応じて個別指導の場面を増やすこと，その子どもにあった教材をつくること等，様々な条件整備を行った。教育の成果は一人ひとりの個性によって異なるのはやむを得ない。最も優先すべきことは，その子どもの実態に応じて条件整備を図り，通常の学級での教育の場に参加できるようにすることであると考える。今振り返ってみると，筆者自身が教師として求め続けた実践こそ，「インクルーシブ教育システムによる特別支援教育」であり，共生社会の創造を目指したものであることを再認識している。この共生社会には，その形成者個々の〈心の耕し〉が不可欠であり，その実現を目指した真の特別支援教育がインクルーシブ教育システムの中でこそ行われていくものであると考えている。

（2）〈心の耕し〉につながる特別支援教育 ………………………………………

①　特別支援教育からはじめるインクルーシブ教育

　私が以前勤務していた公立小学校の特別支援学級において，特別支援教育において取り組まれている様々な授業づくりの工夫を通常の学級の教科教育の授業の中に取り入れることに取り組んでいたことがある。この学校では，特別支援学級において行われている一人ひとりのニーズに合った教育をすべての子どもたちに実現すること，すなわち，インクルーシブ教育システムによる教育を目指して学校をあげてすべての教師がそれぞれの立場で教育実践に取り組んでいた。それによって，特別支援学級の子どもたちと通常の学級の子どもたちの有機的なつながりや高め合いが実現されていく教育実践の中で，共生社会の実現への糸口を得ることができた。今振り返ってみると，こうした共生社会を目指した教育実践によってこそ，現行の学習指導要領において強調されている資質・能力の育成もより確かなものとなるのではないかと考えている。しかしながら，現実的にはこの学校のように一人ひとりに特別支援教育を行い，真の共生社会を実現するインクルーシブ教育システムの構築は，物理的，人的に実現

困難である。だからこそ，その理想の実現を目指して教育内容・方法の工夫によるインクルーシブ教育システムの構築を目指し，よりよい授業を生み出すことが必要なのである。すべての子どもに〈心の耕し〉を実現できるのもよりよい授業でこそであると考える。

② 特別支援学級における教材研究

　教師がよりよい授業づくりを実現する上で最も重要な準備といえるのが教材研究である。この教材研究の深さによって，授業における子どもの学びの質が保障されるのである。この質が表層的なものであれば，この教材によって〈心の耕し〉は実現されない。言うなれば，「深い学び」とは，〈心の耕し〉を生み出す学びとも言えるのである。特別支援学級で，こうした教材研究を行うためには，通常の学級で行う授業のように，教科書の指導書を追試するだけでは，一人ひとりのニーズに合わせて深い学びを生み出す授業はできない。一人ひとりに合わせた指導内容や展開を工夫する教育方法・技術が必要となるのである。

　教材には，それを題材として教育を行うという前提のもとにつくられたものもあるが，例えば，文学教材のように教材である以前に文学作品としての背景を持ったものも多くある。この背景を含めた文学作品の理解が教材としてとらえるための第一歩となる。文学作品の理解のためには，まずテキストの解釈が必要である。テキストを読み，その論理構造をとらえるのである。優れた文学作品は，読み手の感情の琴線に触れる計算された論理構造を持っている。なぜなら，文学作品に描かれる感情や情緒は，筋道立てた論理展開のもとに表現されなければ，伝わらないからである。

　さらに文学作品の理解を深めるためには，より実感的な深い読解が必要となる。これは，きわめて主観的なものであるが，作品の持つ論理性に規制を受けながらも，その中で読み手の世界観や生活実感をもとに作品世界をより深く理解し，それを楽しんでいくことである。こうした読解の楽しさを特別支援学級の子どもたちに味わわせるためには，よりリアルな生活との結び付けが必要である。そして，教師が解釈と生活実感とのつながりをどのように伝えていくかを考えたときはじめて，文学作品は，学び手の〈心の耕し〉を可能にする文学

教材となり得るのである。

③　個に合わせた教材解釈を出発点に

特別支援学級の子どもたちと国語科の教科書を読み進めていく上で重要なことは，教科書の本文の行間を埋めるオリジナル教材の工夫である。教科書の行間を埋めるとは，図3のように教科書の本文を視写したものに線を引いたり，コメントを入れることによって，その子どもに必要な情報を加えて，

図3　オリジナル教科書づくりの例

オリジナルの教材を作ることである。一般的にはふりがなを打つことから始まり，その子どもの生活実感や既に身についている既習事項とのつながりまで強調して可視化しておくのである。これによって，教科における教材や題材の作品としての理解を充分に行うことができるのである。

例えば，特別支援学級に在籍するA児の国語「モチモチの木」の実践を紹介する。A児は，物語を読むとき，テキストから部分部分の様子は捉えられるが，全体の流れを読むことが難しいという実態である。これでは，文学作品を読んでも楽しさを味わうことも，〈心の耕し〉に至ることもない。

そのため，教材研究は「モチモチの木」の教材価値を捉えることから始める。この作品の大筋は，主人公のおくびょうな豆太がじさまの腹痛という困難に遭遇し，じさまを助けるために力をだすが，また日常にもどってみると臆病な豆太になっているというものである。豆太の場面による変化がおもしろく，じさまと豆太の心温まるふれあいを読み味わいたい作品である。ここでは臆病な豆太と勇気をだす豆太という対立構造に着目し，その原因となるじさまの腹痛という三つの要素に単純化する，A児の課題である「順序に着目して読む」「物語の筋を捉える」ということについて指導効果を上げようとするとき，対立構造と因果関係に特化して読ませることが効果的であると考えるのが一般的であ

る。特別支援学級での指導では，子どもの実態に合わせて，ここからつけるべき力とのすりあわせを行うのである。このA児の場合では，オリジナル教科書づくりのための本文の視写から始め，全体を見通したうえで，A児の解釈可能な部分から丁寧に解釈を始めていくことにした。教師としては，A児の実態理解とより深い教材の本質・価値を捉える教材解釈が求められる。このように，特別支援学級での教材解釈は，通常の学級のそれより，それぞれの子ども理解を生かしてより効果的に指導できるように工夫を凝らすことが求められる。そうした工夫こそがそれぞれの教育ニーズに合わせた〈心の耕し〉につながる学びを得ることにつながっていくのである。

④　教材の価値を生かして個のニーズへの理解を深める

　教科書のない特別支援学級の学習指導に従来，「教科書を教える」という立場に立ち，どう教えるのかに力点を置いた教材研究，授業づくりが行われることが多いが，本来「教科書ありき」ではなく，「子どもありき」の学習指導が行われるべきである。目指すべき〈心の耕し〉を生み出す教育も子どもに応じた支援を行うべく子どもの実態把握を大切にし，個のニーズをつかもうとするものである。

　実践例として，特別支援学級に在籍するB児の国語単元「絵本を読もう」がある。これは特別支援学級担任が，オリジナル教材として既成の絵本についてどのようにデフォルメするかを考え，生活実感を伴う学びとなることを計画したものである。B児は，好みの食べ物の図鑑について好きなページを開いて見ることができるが，順を追ってストーリーを追うまでには至っていない。既成の絵本ではページ数が多く，話の構造が複雑である等，B児の課題に適切な物がなかなか見つからなかった。単元検討の中で教師たちは，児童の実態に即し，児童の好みの給食の場面について四枚の映像でつくる手作り絵本に発想を転換し，四コマの簡単な構造の絵本を用意することにした。また，指導にあたっては，集中時間の短いことが予想されるB児に手順良く絵本を見せることができるように，パワーポイントで各ページを作成した。さらに，原因結果の因果関係を捉えさせるために，「〜だから〜」という簡単な構造の絵本につい

て，一つめは結果が良いもの，二つめは結果が悪いものの2種類を作り，対比させることで，より絵本を読むことによる学習効果をあげることができたのである。インターネットで調べれば，どんなものでも見つかる現代において，既成品で済ますこともできるが，真にその子どものニーズに合わせるというのは，教材の価値を見極め，その子どもの生活実感に合わせるための工夫を考えることであり，それが，子どものニーズ理解を深めることになる。つまり，単元作り，教材作りをすることが，その子どもへの教師の観察眼を鋭敏に，ニーズへの理解を深めることにつながっていくのである。

2　共生社会実現のために求められる〈心の耕し〉

(1)　教師にも生み出される〈心の耕し〉……………………………………

本稿で挙げた2つの〈心の耕し〉を生み出す特別支援教育実践に共通するのは，とことん学び手である子どもの実態と粘り強く向き合い，ニーズを見取る観察と，時間的，物理的な手間を惜しまない謙虚な実践姿勢である。目の前の子どもの生活を見つめ，教材の背景を見つめ，既成のものにとらわれず，一から教材を作り上げる情熱。当然のように特別支援を要する子どもたちは，微に入り細に入り教材研究をしても，計画通りに学習を進めることが難しく，思うようにいかないことも多々ある中，粘り強く常に計画を更新しつつ遅々たる歩みをあきらめずに進めていかねばならない。だからこそ，こうした実践を行う教師にも〈心の耕し〉が生み出されていくのである。ここで生み出される教師の〈心の耕し〉は，子どもの成長によるものであり，子どもの〈心の耕し〉によってこそ生み出されるというスパイラルの関係である。

(2)　〈心の耕し〉を実感できる教育を …………………………………………

本稿では，〈心の耕し〉を生み出す教育実践を，筆者が行ってきた特別支援教育の在り方を例に挙げて改めて考えてみた。そこで，特別支援教育のそもそもの目的を考えると，共生社会を生み出すためのインクルーシブ教育システム

の構築であり，それは，すべての子どもがそれぞれのニーズに合わせた教育を受け，〈心の耕し〉を得るためのものであることを実感した。ここに挙げた2つの実践における教師の営みを振り返ることによって，〈心の耕し〉が得られたこと，実現できたのは，教師の子どもを伸ばしたいという切なる思いによるものであることがわかる。これから教師を目指す方々，現在教師として活躍されている方々には，特別支援教育として行われる実践による真の学びこそが〈心の耕し〉を生み出すことにつながることを意識して実践を積み重ねてもらいたい。こうした特別支援教育の実践に学び，すべての教師，子どもたちに〈心の耕し〉を生み出す教育こそ，これから求められる資質・能力を育む教育なのかもしれない。

参考文献

阿部秀高『特別支援教育こそ真の〈人間教育〉』ERP，2013

中央教育審議会「共生社会の形成に向けたインクルーシブ教育システム構築のための特別支援教育の推進（報告）」2012

梶田叡一『〈いのち〉の教育のために──生命存在の理解を踏まえた真の自覚と共生を』金子書房，2018

文部科学省『中学校学習指導要領』2017，p.17

杉浦健・八木成和編著『人間教育の基本原理』ミネルヴァ書房，2020

特集◎心の耕し──豊かでタフな人間性の涵養を

●

音楽活動への没頭と〈心の耕し〉

合唱教育を軸として

●

寺尾　正○てらお　ただし

はじめに

　学校音楽教育において，深く喜びを得ることができるもののひとつとして，合唱活動がある。合唱は授業内の発表にとどまらず，校内の学習発表会，クラスごとに競われる合唱コンクール（中学校に多くみられる）など，発表の機会は少なくない。加えて，入学式，卒業式での演奏は，校内行事に欠くことはできないものとして扱われる。そして，それら様々な演奏経験は，その音楽的クオリティーが高ければ高いほど，児童生徒たちに心に残る満足感をもたらす。また，それを聴く機会を得た聴衆は，深く感銘させられることも稀ではない。

　一方，課外活動の演奏技術を競う，全国規模で行われる合唱コンクールは，世界的にみても高いレベルにある。これらへのエントリーは，日頃の修練と高い目的意識を持つことによって，良い結果を生む可能性がある。優れた演奏技術，高い音楽的表現力が認められ，優秀な成績を獲得できれば，メンバーが得る達成感，満足感は何ものにも変え難い喜びとなろう。総じて，どのような演奏の機会にせよ，合唱の注目すべき教育的側面は，<u>合唱演奏に関わるすべてのメンバーに，歌い合う喜びが共有されることにある</u>。この共有される思い，喜

117

びこそ，学校音楽教育における「心の耕し」となろう。

1　学校音楽教育における合唱の役割

　では，学校音楽教育において合唱は何を学び，何を目指すべきか筆者の見解をあげてみる。

・他者とともに歌う喜びを感じる
・一人ひとりの声の違いを知る
・互いの声が影響し合うことを知る
・学習者全員の声がひとつになる喜びを感じる
・歌詞の意味を共有する喜びを知る

　上記したすべての項目は，音楽を介してのコミュニケーションに深く関わっているといえるだろう。しかし，ここでは歌詞内容に紙面を割く余地はない。あくまで合唱の基礎的トレーニングに焦点を当てたものに限定する。以下に示す基礎的トレーニングが，指導を受ける学生生徒にとって，音楽的に意味あるものであり，面白いものでなければならない。
　このような教育プロセスの場こそ，合唱の世界に「没頭する」ベースとなるのである。

（1）具体的な合唱指導の必要性……………………………………………
　ここで心に留めなければならないのは，演奏自体を目で見ることができないことである。形がないのである。形のないものをいかに具体的に教授するか，が合唱教育の肝となる。特に，上にあげた「学習者全員の声がひとつになる喜びを感じる」「互いの声が影響し合うことを知る」の項目は，合唱教育の最も重視しなければならないポイントである。しかし，多くの教科書はその記述があまりに貧弱であるうえ，具体性に欠ける。紙面に制限のある教科書はさてお

き，昨今の現場教師の合唱指導力不足はいかんともし難い。

　この現実は，教員養成大学に合唱教育の基礎を養うノウハウを具体的に指導するカリキュラムがないことに起因している。大学では教員のリードで合唱演奏の授業は行われてはいるものの，学校現場で生徒児童に「学習者全員の声がひとつになる喜びを感じる」「互いの声が影響し合うことを知る」などの指導法の具体的な教授は行われていない。その結果，学校現場では，教師の思い入れやイメージの押し付けが勝ってしまう授業展開が多くみられるのである。

（2）合唱指導の現状……………………………………………………………

　生徒児童が「学習者の声がひとつになる喜びを感じる」「互いの声が影響し合うことを知る」に気付き，習得するためには，シンプルなポリフォニー（複数の独立した声部で演奏される音楽），特に学校教育の現場ではカノン（輪唱）課題の練習が最も適している。

　戦後，輪唱の教育的価値に着目し「かえるの合唱」を学校教育に取り入れた岡本敏明は，輪唱を授業に取り入れることによって，聴き合い，歌い響き合うことの重要性を説き，実践した。また，このような活動をルーティーンワークとして扱うべきであるとも主張している。だが，現在教科書に掲載されているカノン課題は「かえるの合唱」以外，多少の記載はあるものの，あまりにも少ない。学校音楽教育でのカノン課題導入は，音程感覚を養う最も優れた方法であるにもかかわらず，その使用例は多くないのである。岡本敏明の精神は忘れられてしまったのであろうか。

　「かえるの合唱」は小学２年生の教科書に掲載されているが，教師は３回ばかりの授業でこの教材を取り扱うのが現状であろう。しかも，この教材から子どもたちに何を，どの程度学ばせるかを教師自身が認識していないのである。その結果，授業を受けた多くの低学年児童は「なんだか面白い歌だった」くらいの印象を持つにすぎないのだ。

　加えて，残念なことに「かえるの合唱」が２年生の音楽の授業において，鍵盤ハーモニカを用いた読譜の導入課題としても扱われていることである。この

「かえるの合唱」は，歌い習熟してこそ，その価値があるのだが……。このような扱いは本末転倒といっても過言ではない。

「かえるの合唱」はどの声部（パート）も同じ旋律を歌う。言い換えれば，どの声部も同等の価値を持っているのである。同じ旋律を歌い出すタイミングを違えることで，他の声部との間に次々現れる音程差による響きを聴き合い，動的な動きの中で音程感覚を身につけていくのである。

（3）カノンの課題の指導法……………………………………………………

カノン（厳格カノン）は，複数の声部が歌い出しのタイミングをずらして，同じ旋律を歌うポリフォニーである。歌い手は，自ら歌い進める動きのなかで，他声部の動きに伴う刻々変わる和声（音程感）を感じるのだが，はじめは戸惑い，人によっては耳を塞ぐ者もいる。しかし，この戸惑いこそ，身体を介して音程感覚を会得，理解するプロセスなのである。

下の楽譜①はJ. S. バッハが書いた5音音階からなる短いカノンである。上行・下行4声部のシンプルなカノン（上段）であるが，1拍遅れで歌いはじめる下行・上行4声部のカノン（下段）を加えれば最大8声部のカノンとなる。しかも，このカノンから聴こえるのは常にドミソの和音（トニックコード）である。通常，8声部までにする必要はない。上段4声部のみで十分である。2声部でも演奏可能であるが，2声部であっても声部を一人で担うには相当の練習が必要となる。各声部が同等の価値を持ち，各声部の動きのなかで全体の響き（和

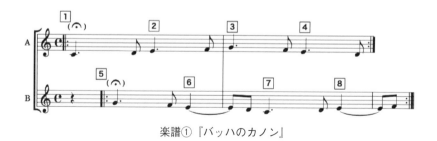

楽譜①『バッハのカノン』

声）を認識するこれらポリフォニーは，動的な演奏形態といえる。

この課題を行う上での留意点は，以下の2つである。

1．指導者は合唱と正対する。鍵盤楽器などを使わず，ピッチパイプなどで歌い出しの音のみを示す。半音ずつ順次音を上げていく。

2．以前，筆者が籍を置いていた大阪教育大学では，この「バッハのカノン」を合唱授業の発声練習として用いていた。常時60人程度の受講生がいたが，全員の斉唱ではじめる。あらかじめ歌い出しの一人（上行・下行形）を指名しておき，斉唱に続いて間を空けず，指名の一人が歌いはじめる。その後，全員が自由なタイミングでこのカノンに加わるのであるが，加わるタイミングは8つある。ここでは，自らが大縄跳びに加わるという感覚であろう。このようなシンプルな課題においても，自律性が求められる。

（4）課題設定・ステップアップ……………………………………………

このカノン課題の練習は毎回ユニゾン（斉唱）からはじめることが重要である。次第に声部を増やし，負荷をかけていくことで，技能は確実に向上する。しかし，技能習得のプロセスをいかに設定するかは難しい。指導者の的確な課題設定，アドバイスにより，集団は確実にスキルアップし，練習の場は充実したものとなる。しかし，これらの課題指導に慣れない指導者（教員）も多少のコツさえ覚えてしまえば，指導方法が単純なだけに短時間で習得できる。次のポイントさえ押さえておけば良いのである。

1．うまくいかなかったら必ずユニゾンに戻り，再度ステップアップを試みる

2．様子をみながらステップアップのタイミングを図る，ハードルの高さ設定には細心の注意を

3．前出声部の最初の音に注目させる

これらのアドバイスを欠かさなければ，必ず充実した練習が可能となる。こ

れら<u>カノン課題はルーティーン教材</u>として，授業初めの<u>5分前後行うだけでよ</u><u>い</u>。毎時行うことが効果を生む。ゲーム感覚を忘れず，短時間で。

　また，同じ課題であっても，次第に各声部の人数を減じていけば，より緊張感は高まり難易度も上がる。声部を増やすことによって複雑な演奏形態になるが，たとえ8声部に展開しても，実は8声部とも同じ旋律をタイミングをずらして演奏しているにすぎない。とどのつまりは，とてもシンプルな構造なのである。しかし，トレーニング方法は，実に多くのバリエーションに展開できる。丁寧にこの課題と向き合うことによって『聴き合い，歌い合う』ことが無理なく自律的に習熟できるのである。要は，指導者が習熟していくプロセスをいかに充実したものにできるかを常に考えることである。

　通常ハーモニーの練習は，連続した和音のつながりであるカデンツ課題などで行われる。最上声部のソプラノ（テノール）が旋律となり，下部部が和声を担い，伴奏形として旋律を支える形態となる。この場合，ソプラノが優位な立場となり，他声部はそれに従属した形とならざるを得ない。この形態をホモフォニーと称する。この形は往々にして不公平感を生む。多くが覚えやすい上声部の旋律を歌いたいのだ。

　教科書に掲載されている合唱曲の多くがホモフォニーであるがゆえに，基礎練習もカデンツ（調のなかで機能する，最小限のコード進行パターン。音楽の授業などで，おじぎの時にピアノで奏される和音もその一例）などが多く用いられる。ダイナミックに声部が動くなかで，次々現れる音程差から生じる響きを感じる<u>動的なポリフォニー</u>と異なり，ホモフォニーは順次に進行する和音の連なりを注意深く聴き取りながら歌うことで，和声感を育成，トレーニングするものである。それゆえ，ポリフォニーと比して<u>ホモフォニーは静的</u>であるといえる。この2種を併用した練習はより効果的である。

（5）西洋音楽史に沿って………………………………………………

　原初に発生した単声音楽（モノフォニー）は，すでに中世ヨーロッパでは多声音楽（ポリフォニー）と共存していた。その後，18世紀から19世紀になる

と上声部が主旋律を担い，他声部が和声で支え伴奏に徹する和声音楽（ホモフォニー）へと発展し，西洋音楽の中心となる。ポリフォニーが動的，ホモフォニーが静的であると前述した。皆川氏がそれをわかりやすく図式化して説明している。

図1　ポリフォニー図（皆川，1977）

図2　ホモフォニー図（皆川，1977）

　ポリフォニーの構成を図でかきあらわせば図1のようなことになる。横線は各声部の流れであり，縦線は和声の関係である。縦線が点線で示されていることは，ポリフォニーでは各声部の横の流れに重点がおかれ，和弦（筆者注：和音）はその結果としていわば従属的に生じるという関係を示している。（中略）

　（ホモフォニーの構成を：筆者追記）図示すれば図2のようなことである。いちばん上の線（筆者注：実線）が太いのは，上声部の旋律が優位をしめること，縦の線が太いのは和弦の支えが重要なこと，そして横の点線は下の諸パートの旋律的独立がやや従的に扱われるということをしめしている（皆川，1977）。

　なお我が国にもポリフォニーは存在する。雅楽で竜笛で奏される追吹はある種のカノン。箏曲では，全く異なった曲を合奏する，打合がある。学校教育で学習される，パートナーソングと類似している。

　西洋音楽の歴史に沿って合唱を学習することは，合理的である。旋律を複数

にし，歌い合う喜び，面白さを感じた中世ヨーロッパの人々は，さぞ夢中になってポリフォニーを楽しみ，没頭していたことは想像に難くない。しかし，時代を経るに従って，次第にポリフォニーは複雑化していった。ポリフォニーは，聴き手にとってより難解で聴き取り難いものへと変容してしまったのである。その反動として，一つの優位な旋律が主となり，他声部が和声で支えるホモフォニーが現れる。聴くものに対してわかりやすく，耳に優しい。必然，作曲技法はポリフォニーからホモフォニーに移っていくのである。しかし，厳格カノンのようなポリフォニーの合唱教育への導入が，いかに意味あるものであるかは前に述べた。音楽史を遡って聴き合うことに習熟し培われた感覚は，ホモフォニーの手法で作曲された合唱曲の演奏に際しても，そのスキルは生かされる。この場合にも効果は歴然として現れるのである。

（6）楽しさを感じるメカニズム……………………………………………

　合唱教育において，西洋音楽の発展に沿っての学習，特にポリフォニーの学習実践はそのプロセスに無理がなく，面白いという実感を持ちながら学べる点によさがある。なぜ面白いのかという理由を箇条書きにまとめてみると，下記のとおりとなる。

- ・純粋に楽しい
- ・課題がとても単純である
- ・どのパートも同等の価値を持ち，優劣がない
- ・歌い手は，動きのなかで次々に現れる音程差に戸惑う
- ・戸惑いこそが習熟度アップのプロセス
- ・単純だが，精度が上がれば思いがけない効果を実感できる
- ・単純な課題を工夫によって複雑にできる
- ・うまくいかない場合は，ユニゾンに戻る
- ・各パートの人数を減らせば難易度は確実にアップする
- ・ゲーム感覚で課題をこなせる

・教師自身が教えながら指導する理由を感じることができる

・慣れれば自律的に音高をコントロールし，正しい音程を認識できるように
なる

　前述のとおり，ポリフォニーによる学習実践は，教師のアドバイスが適切で
あれば，互いに自主，自律的に聴き合い歌い合う学習が可能となる。まさに，
身体を介しての協働学習の場となるのである。

　ここで，比較的容易で，長音階カノンの基礎を学ぶことができる「ハウプト
マンのカノン」をあげ，指導法を記す。

（7）レガート唱法を学ぶ…………………………………………………

楽譜② 『ハウプトマンのカノン』

　「ハウプトマンのカノン」は長音階の基礎を学べる美しい課題で，レガート
唱法を効果的にトレーニングできる。

　短く平易な課題なので，読譜が苦手でも容易に覚えられる。音名ではなく la
や ma，na，あるいは階名で歌っても良い。固定ドが定着している人には移動
ドの練習にもなるであろう。滑らかに母音を長く歌うことを意識すればレガー
ト唱法のよいトレーニングとなる。丁寧にさらえば美しい長三度の響きが立ち
現れる（寺尾，2017）。

2　わらべうたで合唱の基礎を学ぶ

（1）わらべうたは我が国の伝統音楽…………………………………………
　今でこそ歌われなくなったが，わらべうたは子どもたちが日々のあそびのな

かで歌い継いできた，わが国固有の伝統音楽である。私たちが日本語を母語とする限り，DNA のなかに組み込まれた音楽，と言えるであろう。だからこそ，よく知らないわらべうたでも，歌ってみると親しみを感じるのである（寺尾，2017）。

（2）読譜をさせず覚えさせることから……………………………………

- ・音数が少なく，短いので，覚えやすい
- ・伝承されてきた音組織なので，音高をはずしにくい
- ・無理のない音高から歌いはじめることができる
- ・楽譜を使う必要がなく，音に集中できる
- ・指導者と対面できる
- ・指導者なしでも歌えて，遊びにできる
- ・隊形を工夫できる
- ・音数が少ないため，音を重ねても違和感がない
- ・あそびうたなので，繰り返しても飽きない

わらべうたで最も単純な 2 音のカノンを歌ってみる。

楽譜③『けいこさん遊びましょ』

　子どもの呼びかけをそのまま音にしてみたもので，とてもシンプルだが，4声部で歌ってみると，案外難しい。注意すべきは，先行声部の歌い出しの音をよく覚えておくことである。全体の拍の揃いにも注意することを忘れてはならない。長 2 度のような接近した音程は，ともすると狭くなりがちである。これ

も注意すべき重要なポイントとなる。

（3）幼児から大学生まで楽しく遊び学べる課題…………………………

　わらべうた課題は楽譜の読めない幼児から，アマチュア合唱団員まで，十分楽しめるものである。しかし，初めてこれらの課題を経験した者は，年齢を問わず必ず旋律の動きの中で，他のパートとの音程差に戸惑う。個人的にピアノを習っていたり，吹奏楽の経験者で，自在に読譜ができる者であっても，これらの課題をこなすには，習熟が必要である。このような素朴でシンプルな課題にも大きな学びがあるのだ。

　下の課題は完全4度音程で旋律を平行移動させるポリフォニー（オルガヌム）である。

楽譜④『「かごめかごめ」完全4度のオルガヌム』（寺尾，2017）

　カノンと異なり完全音程で平行して歌うオルガヌムは，音程が固定された感覚を感じることができる。（ラ）からはじめる声部と，(ミ)からはじめる声部とにわかれ，同時並行的に歌いはじめる。隊形としては下の図になる。

図A　（ラ）（ラ）（ラ）（ラ）（ミ）（ミ）（ミ）（ミ）
図B　（ラ）（ミ）（ラ）（ミ）（ラ）（ミ）（ラ）（ミ）

　図Aの方が歌いやすそうだが，慣れてくると図Bの方が歌いやすい。知らず知らずのうちに音程感覚が養われているのだ。音程の精度も格段の差が生じる。
　これらわらべうたを素材とした課題の多くは重ねて演奏することができる。

おわりに

　岡本敏明は「かえるの合唱」を教科書に掲載し，カノンの教育的価値を知ら
しめるべく努力した。しかし，昨今の合唱教育はその方向性を見失っている。
彼の遺志を継ぎ，少しでもその扉を開けば「音楽活動への没頭と〈心の耕し〉」
への道は必ず開けるのだ。今こそ，互いの声を聴き合い，歌い合う基礎的な技
能育成を合唱教育の主軸とするべきである。現場教員の一層の研究努力に期待
したい。

引用文献

朝日公哉「岡本敏明の輪唱教育論──『かえるの合唱』をめぐって」『玉川大学教育学部紀要』，2015，
　　原著論文，pp.1-17

皆川達夫『中世・ルネサンスの音楽』講談社，1977

寺尾正『聴き合う耳と響き合う声を育てる合唱指導──ポリフォニーで鍛える！』音楽之友社，2017

特集◎心の耕し──豊かでタフな人間性の涵養を

●

社会教育活動を通じて〈心の耕しを〉

音楽活動が生み出す人間の力

●

今西 幸蔵○いまにし こうぞう

はじめに

　本稿における筆者の役割は，社会教育活動の地平に立ち，主題のもとに与えられた命題を解釈し，意味のあるリポートを書くことである。しかし，「心の耕し」という人間の深層に迫る次元の精神活動を解釈することは，かなり難しい課題だと思いつつ筆を執っている。とりわけ「心の耕し」というキーワードにある「心」についての解釈は難解で，まずは「耕し」という言葉の意味から読み解いていこうと考える。

　「耕」という言葉は，辞典では「たがやす。ならす。つとめはげむ。」といった農事に関連する言葉が語源となっている（諸橋，1958）。英語では，土地を耕す culture であり，やがて動詞として「教化する。教養を与える。培養する。栽培する。耕作する」という意味を持つようになる。いずれにせよ「耕」の意味は，人間の基本的産業である農事として収穫をめざして土を掘り返すということであり，culture は「教養，文化，訓練，栽培」といった意味の名詞である（岩崎ほか編，1964）。この「教養」「文化」といった言葉の解釈は，つぎに述べる社会教育活動の基本的な考え方である「文化的教養」の拠り所となる。

1　社会教育と文化的教養

　一般に，社会教育は学習者の自主性・自発性に基づいて実施される教育であり，特性として非定型な教育領域として分類される。教育基本法や社会教育法などの法規によって「奨励」されている公的社会教育は，法規範に基づいて実施されてはいるものの，非権力的な行政として自ら実際生活に即する文化的教養を高め得るような環境を醸成することに努めており，幅広い住民支援という観点から，比較的自由な活動が担保されている。こうした特性をふまえ，あらゆる社会教育においては，団体活動を中心とする機能重視型の活動と，社会教育施設を中心とする施設中心型の活動の場が設けられてきた。

　現代において社会教育とされる教育は，古代においては貴族の子弟の教育機関で行われ，また，日本の社会構造の中心をなした農村社会の発展を支える教育活動として実施されてきた。学校教育制度の発達が未熟な明治・大正・昭和期においては，ペダゴジー（子どものための教育学）的な教育の場であり，継続教育や職業教育として行われている。

　戦後民主主義の導入により，アンドラゴジー（成人のための教育学）の発想を具現化する学びと住民主体の活動が展開され，社会課題や生活課題に対する学習関心が広がったが，基本的には，趣味や娯楽などの個人的関心が高い学習が実施されてきた。

　こうした社会教育に大きな影響を与えたのが1960年代以降の高度経済成長である。社会構造の変化によってコミュニティが崩壊の危機を迎え，それを拠り所としていた機能重視型の社会教育が停滞した。また，施設重視型の社会教育も近年の行財政改革の波を受けて縮小せざるを得ない状況が生まれている。しかしながら，国民の学習意欲は強く，民間の支援もあって，社会教育を核とした生涯学習活動の場はむしろ拡大傾向にあり，こうした現状は，社会教育施設の努力に負うところが大きい。後述する内閣府の調査等で明らかなように，個人的関心の高い学び，趣味や娯楽の場が強く求められ，学習者が生き生きと

楽しんで生活しているという実態があり，さらに生涯学習の視点から社会課題や生活課題につながる学びが，教育領域以外の他の分野との有機的連携を図りつつ進展している。

　施設重視型の社会教育の核となってきたのが公民館である。公民館等の社会教育施設の活動は，住民の自発性・自主性をもとにさまざまな領域での学習が公的支援のもとに実施される。公民館の目的を示した社会教育法第20条は，「公民館は……住民のために，実際生活に即する教育，学術及び文化に関する各種の事業を行い，もつて住民の教養の向上，健康の増進，情操の純化を図り，生活文化の振興，社会福祉の増進に寄与することを目的とする」とある。

　社会教育法第3条や第5条にも関連するが，基本的に住民の知性・感性・徳性及び健康を培うことによって，生活文化の振興，社会福祉の増進に寄与することを目的とする施設である。

　元来，公民館は，戦前の社会教育活動と切り離されているものではなく，地域社会形成の核として重視されてきた「施設」である。1925（大正14）年に構想が提唱され，翌年に，昭和天皇御大典奉祝記念として大字に設置された公会堂は集会施設として利用され，現在の公民館分館や自治公民館に移行したものが多い。設置の前年に提唱された公会堂構想は「主として宴会・集会の場として利用されるが，他に幻燈・活動写真・音楽・講談・芝居や碁・将棋などの娯楽施設をつくり……」とあり，当時の社会教育は文化・余暇資源としての性格を持ちつつ，住民の生活改善をめざすものであった（伊藤，1979）。こうした公会堂の性格は，1946年に設置された公民館の基本的理念につながる。

　戦後の社会教育の大きな柱の1つが「文化的教養」を高めるための活動である。「文化的教養」という意味は，広く多様な人間活動を支援する基本的な教養であり，何かを創り出そうとする創造力と社会的課題に挑戦しようとする力の源泉となる基本的教養を指すとされる（加藤，1979）。「文化的教養」には，個人的な意味合いと社会的価値の両面があり，「心の耕し」というテーマで論を進めている本稿では，この両面から「文化的教養」について考える。

2　社会教育の学びと音楽文化の創造

　国民の学習活動の実態については，『日本人の学習──成人の学習ニーズを
さぐる NHK学習関心調査報告書』（NHK放送文化研究所編，1990）などで知
らされているが，公的には，かつての総理府，現在の内閣府政府広報室により，
1979年以来過去9回にわたって実施されている調査があり，最新では，2018年
3月に「生涯学習に関する世論調査」として18歳以上の国民を対象に全国調
査が行われ，その結果が発表されている（内閣府政府広報室，2018）。

　国民の82.3% が「学習したい」と答えており，「今後学習したい内容」を問
うたところ，「趣味的なもの（音楽，美術，華道，舞踊，書道，レクリエーショ
ン活動など）」を選んだ人は39.3% で最も多く，「健康・スポーツ」(34.0%)，「職
業上必要な知識・技能」(31.1%)，「家庭生活に役立つ技能」(23.4%)，続いて「教
養的なもの」(22.6%) となっている。

　日本の国民は，趣味的な学びや習い事に関心が高いとされるが，この結果を
参照しても，音楽や美術などの芸術・芸能活動，文化的な活動に偏重している
ことが明らかである。社会教育が求める「文化的教養」に対する学びは，それ
自体が芸術・芸能や文化活動として展開される性格を持っている。

　たとえば音楽活動は，全国の社会教育施設では必ずプログラム化され，学習
者や愛好者数も多い。今日のようなコロナ禍の社会においても，リモートアン
サンブルといった活動でつながり，熱心に演奏，ハーモニーを共有している。

　ところで，社会教育の場での学習者は，自ら興味や関心を持つ領域に対して
強い意欲があるが，学習者の意欲を掘り起こすことにつながるのが「鑑賞」と
「共感」であると考える。学習者は，「鑑賞」をとおして文化活動の実践者や創
作家とつながり，提供された文化的創造物が自分に生きる喜びと学びを与える
ことに「共感」し，それを自分の世界に取り入れようとする。「鑑賞」という
経験知を集積した学習者によって，やがて自身が実践者や創作家になろうとす
る創造的な行為が生まれることが多い。当初は，学びの追体験から発展した成果

の表現であったものが，やがて学習者は，文化的創作物の発表をとおして，自分の文化や思想といった世界観を表現するようになり，社会や他者とつながる。人間の学びには「鑑賞」と「共感」に基づいた「創造」を高める機能があり，文化的創作物を介して社会や他者との関係性を生成するところに，社会教育がめざす「文化的教養」を高めることが認められる。

　芸術や芸能に関わって作品を創造するという「文化的教養」は，創作者の能力や資質に負うところが大きいとしても，文化の「創造」のための学習活動や資源の提供は，広く社会教育活動によって培われているのである。

　つぎに紹介する音楽活動は，伝統文化としての太鼓の技術習得のための学習であり，伝統の継承，地域振興や演奏表現などを伝える役割を果たしている。石塚真子氏は，民俗芸能の太鼓は，祭りの場を離れたところでも，盛んに舞台芸能として再創造されており，実数が把握できないほどの大勢の人々が参加しているという（石塚，2014）。太鼓は，誰でもが参加できる音を出す楽器であり，画一性と伝統継承という役割を持ちながら，一方では「創作太鼓」に見られるように，音と音とが均一化する傾向があり，太鼓の音色よりもリズムや拍子を中心に音楽が作られる。民族音楽としての太鼓は，それぞれの地域の暮らしの中でつながっている庶民同士が歌い，舞い，踊り，演じたりすることで楽しまれてきた。また，祭りの場を離れた「創作太鼓」は，芸術音楽に比べて自由な活動が認められ，人々は工夫して自分を表現することができる「創造」にあたる。

　近年，全国各地で太鼓が取り上げられ，演奏されるようになった背景に，庶民の活動を支援する社会教育活動という学びの場があり，そこに集う人々が音楽の「創造」に「共感」したことにほかならないと考える。

3　音楽活動が形成する人間性

　芸術作品や芸能に触れ合ったときに感じられる「共感」ということの定義について，心理学の研究者である片山夏果氏や片山順一氏は，能力面から見る立場と反応として見る立場の両面があるという（片山・片山，2020）。能力面か

ら見る立場というのは，他者の情動や行動を理解する認知的側面と，それに対して自分の気持ちや行動を変化，適応させる情動的側面から成り立つ共感特性と呼ばれる能力を指す。

　反応として見る立場というのは，自己が情動を喚起したり，その情動が他者が喚起している情動と同じものであり，そうした他者を見ることで自己の情動的状態が生じ，その原因が他者にあることを自己が知っていることであると説明している。

　情動的な変化は，喜び，嬉しさ，悲しみや怒りといった人間的な表情によって表出されるが，自己の情動の喚起とともに，他者もまた情動を喚起していることになる。

　たとえばロック系の音楽会で，演奏中も，終了後も，熱気を帯びて立ち上がった観衆が，自己と他者とが一体となり，演奏者を応援し，称えるシーンを見てきた。「共感」が反応を引き起こしたのである。このように共感は他者の存在と他者による情動喚起に呼応して自己に起きる反応と言えよう。

　太鼓演奏に限らず，音楽などの演奏者が演奏に際して重要な要素の一つとして挙げることにハーモニー（音階や音色に限らずリズムなども含めて）がある。合奏，合唱などによる音楽的融合の世界を意味するが，演奏者と鑑賞者が一体となった情動的行為が生まれるケースが少なくなく，参加者が「響きあう」ことによって自己と他者を確認し合うことになる。筆者は，合唱活動歴が半世紀を超えるが，「響きあう」ことの魅力に取りつかれた人間の一人である。

　立田慶裕氏は，音楽は「音を楽しむ」ことであり，Muscの神々の技，楽しみの技に由来すると述べ，「確かに中世の人々にとっての音楽は，宗教の中で考えられていた天球の音楽を楽しむことであり，天使の言葉を聞く行為であった」とし，一方で，作られた音の基調は，私たち人間の生活の中や，私たち人間の身体の音にあるとし，天球の音楽というよりも「大地の音」にその始まりがあるとしている（立田，2014）。

　さらに立田氏は，「個人のリズム」と「社会のリズム」があるという視点と，音楽学習の多様なプログラム性から，「『調子を合わせる』とは，人が社会と同

調することを意味する」と述べる。音楽を学び，そのプログラムに参加することで，生活の自然なリズムを取り戻すことができるとしている。音楽は，娯楽であり，音の技能を持った芸術として親しむことができ，集団への参加の呼びかけや孤独な魂への呼びかけ，ある種の一体感や同一感をもたらすこと，社会的なメッセージを伝えるメディア機能があること，時間の装飾物として個人の生活の内面的な満足感をもたらすことなどの社会的機能があることをあげている。

　加えて，音楽には身体感覚と生活リズムに関わる機能があるという。労働歌や民衆の歌，民族音楽や舞踊などは私たちの動きをコントロールし，さかのぼれば自然との共感的な行為につながると説明する。このような音楽におけるリズムは，生活リズムとして健康にも寄与し，身体感覚と生活様式の変化を作り出し，豊かな人間性を醸成する。

　立田氏は「社会のリズム」という表現をしているが，音楽活動には，「調子を合わせる」所為のように，人間が社会と同調する意味があると指摘する。同調するか否かは別として，音楽は人間の表現行為そのものであり，そこには社会的機能に影響を与えるような人間の行動を触発する要因がある。前述したロック系の音楽会の共感反応には，観衆一人一人の主体性，働きかけ力，実行力，創造力，発信力，ストレスコントロール力などがあり，これらは「人生の成功のために必要と思える技能の習得」と「正常に機能する社会の構築」をめざす成人教育の重要な要素である。それは人生をタフに生きていくための必要条件とも言える要素であると考える。

4　心豊かでタフな人間をめざす「心の耕し」

　冒頭にあげた「心」についての解釈を進めなければならない。前述した音楽活動や社会教育活動に限らず，人間は優れた芸術・芸能作品に触れると，感動したり，感銘を受けたり，「心」が洗われたり，豊かになったと感じることが多い。人間は，こうした「文化」との出会い体験によって自己の成長を自覚し，「心」が耕されたと思っている。

　そうであるがゆえに，追体験を求めて行動をおこし，生涯学習活動や社会教育活動に参加し，自己充足感を得ようとする。この場合の「心」とは，どういった状態，あるいは意味をもつのであろうか。多分に多義的な意味を持つ概念であり，根底に深い人間理解が必要であるように思われる。

　「心」という複雑な概念について，梶田叡一氏は著書で「〈こころ〉と呼ばれているのは，何よりもまず，一人ひとりの内面にある意識世界のことである。意識世界とは，一人ひとりの内面のスクリーンに反映された時々刻々の光景であり，また，そうした時々刻々の光景の何処にどうこだわるか，といったその人の内的な反応の在り方である。これこそ，一人ひとりに対して現象的に与えられている世界，その人によって具体的な形で生きられている世界である」と述べておられる（梶田，2016）。さらに別の著書でも「個々人の時々刻々の気持ちの動きや内外の世界としてイメージされるところが，そしてそうした気持ちやイメージなどをその時その場にもたらしているものが『心』なのである」とされる（梶田，2020）。

　当人の発言や行為を含めて，気持ちのありようや内外のイメージが，人の具体的な生き方やあり方を内面で支えていると理解できよう。

　この「心」の定義から派生して，〈こころ〉の教育について考えてみよう。梶田氏は，〈こころ〉の教育を考えるにあたって，「〈こころ〉とは，結局のところ，その人の一人の人間としての主体の座であり，その人の在り方そのものを決定することである。したがって，学校教育にしても，『人間教育』を根本目標とし，〈我の世界〉と〈我々の世界〉の双方を主体的に生きていける真の『生きる力』の育成を目指すものであるとするなら，〈こころ〉の教育こそがその最終目標となるということを，ここで再確認しておく必要があるであろう」とし，心の育成を，学校教育を含めた全国民的な取り組みによって，早急に自覚的かつ意図的計画的に取り組まねばならないという指摘がある（梶田，2016）。

　さらに，一人ひとりが独自の内面世界を持つという人間の本質に着目した場合，教育のあり方として念頭に置かねばならないことは何かという問いかけがあり，内面世界それ自体から出てきた自発性や自主性であり，その柱となるの

が自己概念の育成だとされている（梶田, 2016）。

　「人間教育」によって，梶田氏の言う〈我の世界〉と〈我々の世界〉の双方を主体的に生きる力を得ることは，個人的な意味合いと社会的価値とが相関することによって心を耕し，主体的な行動を形成することにつながる。この対比的に見える2つの要素が互恵的に重なり合うところで，人間は自己充足という願望と，社会参加への願望の実現を図っている。「文化」に関わる社会教育活動は精神世界での行為に見えるが，「心を耕す」という営為によって自己と社会を形成する力を獲得し，当事者の人生を支援する働きとなる。社会参加への願望を満たすためには，梶田氏が示す〈我々の世界〉をより良く生きることが前提となり，この前提を満たすためのスキル，言うならば「社会的スキル」の獲得と〈我々〉というつながりをもつことが必要となる。それは「人生の成功のために必要と思える技能の習得」と「正常に機能する社会の構築」をめざす成人教育の要素であり，タフな人間をめざす発達課題的なものである。

　実は，社会教育の本質に「社会的スキル」に通じる「社会的しつけ」の育成という重要課題があることを忘れてはならないだろう（伊藤, 2004）。

まとめ

　「心を耕す」文化的活動が，人間の「文化的教養」を生み出し，個人的な意味合いと社会的価値の両面において人間を育てることを論じてきた。個人的な意味合いで言うならば，自他が心豊かになる「情動の世界」を持つことであり，社会的価値という視点で述べるならば，成人教育で求められている能力や資質の獲得に基づくタフな人間をめざす社会活動ということになる。この両面を一致させるところに「人間性の育成」という教育的意義が存する。その意味で，「心の耕し」は情動性を持ちつつ，社会変革につながろうとする願望であり，きわめてアクティブな世界観を呈するものではないかと考える。

　働き方改革の時代であり，コロナ禍の社会という制限のもとでの仕事の見直しが進行していることで，人間に「余暇」を与えており，その活用によって学習社会が進展する可能性が広がる。一方では，IT活用によってSociety5.0時代

の人間生活が早期に実現する向きもある。こうした時代の変化の中で，心を耕す学びの場を獲得することの意義は大きい。

参考文献

今西幸蔵編『生涯学習事業の開発に関わる研究──生涯音楽学習における学習プログラム開発』神戸学院大学人文学部今西幸蔵研究室，2014

石塚真子「生涯音楽学習としての太鼓文化の創造について」今西幸蔵編『生涯学習事業の開発に関わる研究──生涯音楽学習における学習プログラム開発』神戸学院大学人文学部今西幸蔵研究室，2014

伊藤俊夫「社会教育施設の社会的構造」河野重男・伊藤俊夫編『社会教育の施設』第一法規，1979，pp.23-28

伊藤俊夫編『変化する時代の社会教育』全日本社会教育連合会，2004，p.17

岩崎民平ほか編『新英和大辞典』研究社，1964，p.425

梶田叡一編『自己認識 自己概念の教育』ミネルヴァ書房，1987

梶田叡一『人間教育のために──人間としての成長・成熟（Human Growth）を目指して』金子書房，2016，pp.30-31，pp.72-73

梶田叡一『自己意識論集 1 自己意識の心理学』東京書籍，2020，p.8

片山夏果・片山順一「共感性と表情認知の関係について」『人文論究』70（3），2020，pp.77-78

加藤衛「文化施設の機能と事業」河野重男・伊藤俊夫編『社会教育の施設』第一法規，1979，pp.252-254

諸橋轍次『大漢和辞典 巻九』大修館書店，1958，p.172

内閣府政府広報室「生涯学習に関する世論調査」（2018年6月28日～7月8日調査）

NHK放送文化研究所編『日本人の学習──成人の学習ニーズをさぐる NHK学習関心調査報告書』第一法規出版，1990

立田慶裕「生涯音楽学習と生活リズムの形成──音楽プログラムの社会的・身体的機能に関する考察」今西幸蔵編『生涯学習事業の開発に関わる研究──生涯音楽学習における学習プログラム開発』神戸学院大学人文学部今西幸蔵研究室，2014

全日本社会教育連合会『社会教育』第899号ほか，日本青年館，2021

言語技術教育

聖ウルスラ学院英智小・中学校の取り組み

渡部 久美子○わたべ くみこ

はじめに

　「言語技術」はランゲージ アーツ（Language arts）の訳語で，欧米をはじめとする諸外国で広く実施されている，世界標準の母語教育を指す。「ことば」による思考と表現の方法論を具体的なスキルとして学ぶ言語技術教育は，確かな「言語力」の育成はもちろんのこと，最終的には，様々な課題を解決し，自ら人生を切り拓いていこうとする豊かな人間性の育成までを目指すものである。

　2007年度，筆者の勤務校である聖ウルスラ学院英智小・中学校は，文部科学省より「言語技術教育」の研究開発学校としての指定を受け，以来，つくば言語技術教育研究所の三森ゆりか氏が示される体系的なプログラムに基づいた「ことば」の教育を積み上げてきている。本校独自の学校設定教科である「言語技術科」の授業は，１年生から９年生（中学３年生）まで週に１時間ずつ実施されている。カリキュラムには，問答ゲーム，絵やテクストの分析，説明，描写，報告，物語創作，再話，要約などの学習がスパイラルかつ発展的に組み立てられている。これにより，子どもたちは「ことば」に関する基礎的な知識や技能を基にしながら，様々な情報を論理的・分析的・批判的に捉え，思考・

判断した結果を相手に分かりやすく話したり，書いたりする表現力を体系的に鍛えていくことができる。

　その言語技術教育の様々な実践の中で，本校で重要視しているものの一つにテクスト分析がある。ここに，テクスト分析の持つ有用性と，テクスト分析の中でも，特に，1冊の本を丸ごと扱って学習する丸本分析について，本校での取り組みをご紹介したい。

1　テクスト分析

　言語技術科のテクスト分析は，テクストを読み込み，文章に書かれた事実を根拠にして，論理的に思考し，解釈や意見を示すクリティカルリーディングの学習である。教材として，主に物語，短編小説，超短編小説，長編小説，詩，戯曲などの文学作品を扱う。言語技術を母語教育の本質とする世界の多くの国々で，テクスト分析は教育の要として位置づけられているといい，本校でも特に重きを置いている学習の一つである。なぜなら，分析技術の向上として，様々な情報の中から必要な情報を取り出し，それらをもとに課題を解決していく思考力の鍛錬になるのはもちろんのこと，テクスト自体が持つ主題が，児童生徒の心に直接働きかけるという有用性を持つからである。

　テクスト分析の分析項目はある程度決まっており，設定，登場人物，視点，構造，形式，象徴，主題などがある。テクストによって深く掘り下げて学ぶべき部分が異なるため，どの項目を重点的に取り上げるのかは教材によって変わってくる。いずれにしても，自分の読みを支える根拠を文中から取り出して理由付けしながら説明することが求められるため，児童生徒は各々に，課題に対して筋道立った意見が言えるよう，思考と表現を繰り返していく。時には，論理のねじれた意見も出されるが，それに対する反論も当然出てきて，対話が活性化していく。中には，自分の考えをなかなか持つことができない児童生徒もいるが，自己内対話とペアやグループ，全体での他者との対話を繰り返すことで少しずつ思考が刺激され，意見を持てるようになっていく様子も見られる。こうした

思考や表現方法のスキルの鍛錬は，もちろん，テクスト分析のみならず，言語技術教育のすべての学びで繰り返し行われていることであり，この積み重ねが子どもたちの「言語力」を育んでいくのである。

　ただ，テクスト分析がほかの学習と異なるのは，先に述べた通り，教材となるテクスト自体が主題を持っていることにある。指導者はテクスト分析の最後に，児童生徒に，自分の身近にも同じような出来事はないか，もし，自分だったらその出来事にどう向き合うかと投げかけ，自分事としてテクストの主題を受け止める時間を持たせている。言語技術教育の目指す，「自ら人生を切り拓いていこうとする豊かな人間性の育成」の一端をここで担うことになる。2012年にユネスコスクールに認定され，ESD活動に力を入れている本校では，環境・貧困・人権・平和といった様々な地球規模の課題について，自分たちにできる取り組みを考えたり，行動したりしているが，言語技術科のテクスト分析は，これらの取り組みと有機的に結び付けることが可能である。テクスト分析の学習は，課題解決のための思考力を鍛えることに留まらず，本校の児童生徒にとって，グローバルな価値観を生み出し，教科横断的に学習を広めたり深めたりできる，非常に有効な学習なのである。

2　丸本分析

　日本の国語科の授業は教科書教材を用いた学習が主であり，1年間で読む文章は教科書の厚さを見れば承知のところである。これに対して，本校の言語技術科では，テクスト分析として3〜7作品ほどを読み込むほか，長編のテクストとして，どの学年も年間を通して3〜5冊ほどの本（学年によっては絵本を含む）を丸ごと1冊読み込む丸本分析と呼ばれる学習を行っている。

　丸本分析の分析項目はテクスト分析と基本的には同様であり，作品の内容によって重点的に扱うものが選ばれ，授業が組み立てられる。テクスト分析では1つの教材を1時間扱いで実施するが，丸本分析は長編だけに，およそ4時間前後の時間数で扱うことが多い。例えば，人物分析・構造分析・主題分析にそ

れぞれ1時間，さらに，分析文を書くための情報整理，アウトライン作成に1時間程度かけ，パラグラフ[1]や小論文の型に沿った論理的な文章を書いて終了という学習過程が，最も基本的なところである。学年が上がるにつれ，分析の仕方も複雑化していくが，それまでに学習して得た分析の知識や技能を生かしながら新たな課題に取り組み，学びの積み上げが行われていく。

　ところで，丸本分析の学習には，テクスト分析では実施しないアニマシオンが組み込まれることが多い。アニマシオンとは子どもの読む力を引き出す「創造的な遊び」の形をとった教育方法である。スペインのジャーナリストであるマリア・モンセラ・サルト（Maria Montserrat Sarto）によって，1980年代に開発された。アニマシオンには75の「作戦」と言われる活動があり，アニマドールと呼ばれる仲介役（学校では教師がその役を担う）が子どもと本の橋渡しを行っていく。物語をわざと読み違えて子どもたちに聞かせ，その間違いに気づかせたり（作戦1「読みちがえた読み聞かせ」），子どもたちがあらかじめ読んできた物語について，人物の特徴を表す文を取り出して示し，誰のことを言っているのか答えさせたり（作戦9「だれのことを言ってる？」），円陣を組んで座る子どもたちにストーリーの要所要所の場面を書き出した文章をランダムに配布し，席を移動しながら正しいストーリーの流れになるよう並び替えさせたり（作戦12「前かな，後ろかな？」）と，75の「作戦」は実にバラエティに富んでいる。新しい本と出合い，様々な作戦を経験することにより，子どもたちは本を深く読む習慣や，読解力，コミュニケーション能力を養うことができる。ちなみに，本校の低学年においては，1冊の絵本を読み，アニマシオンのみ1時間行って学習を終了する教材もいくつか取り入れている。

3　丸本分析『みえない雲』の実践〈第9学年（中3）〉

　『みえない雲』（原題：Die Wolke）（グードルン・パウゼヴァング著）は，あるドイツの原子力発電所での爆発事故によって家族を失い，自身も被爆した14歳のヤンナ-ベルタを取り巻く状況や，人々の心情が綴られる物語である。

1986年のチェルノブイリ原発事故の翌年に発表されただけに，読む者にノンフィクションではないかと感じさせるような衝撃的な内容となっている。筆者はこの授業を，言語技術科として身につけさせたい知識・技能，思考力・判断力・表現力の育成はもちろんのこと，現代社会の問題に主体的に向き合い，自分事として考えを深める機会にしてほしいとの願いを強く持って実践している。学習は次のような過程で進められる。

(1)チェルノブイリ原発事故について調べ学習（タブレット利用）

(2)東日本大震災の際の福島原発事故について調べ学習（同上）

(3)『みえない雲』のアニマシオン　作戦17「…と言っています」

(4)物語における原発事故の状況，政府の対応について考察

(5)主人公ヤンナ–ベルタの状況（人々との関わり），心情分析

(6)主題の分析

(7)フィルムスタディ

(1)はこの作品が書かれるきっかけとなった原発事故が，人々の生活にどのような影響をもたらし，社会を変えてしまったのかを生徒が知ることで，物語の持つ主題に，より迫れるようにとの目的をもって行っている。もうすでに35年前の出来事であるため，この調べ学習で，初めてチェルノブイリ原発事故についての詳細を知る生徒も多い。原発事故が及ぼす恐ろしい実態を知った生徒たちに，さらに(2)に取り組ませることによって，原発事故が他人事ではなく，私たちの身に迫る重大な問題であることを意識させる。宮城県に生活するものとして，福島原発事故はたいへん身近なところで起きた悲惨な事故であり，今もなお，その影響が強く残る現実があるからである。ただ，注意すべきは，本校にも，東日本大震災によって様々な形で心の傷を負っている生徒がいるということである。事前に，気になる生徒には個別で，また，全体には，この学習がつらいと感じた場合は申し出るよう声がけするといった対応をしつつ授業を行うようにしている。

(3)のアニマシオンは作戦17「…と言っています」で行う。作戦17では，まず，「物語の中の状況を浮き彫りにしたり，登場人物の態度を明らかにする」（サル

ト，2001）文が書き出されたプリントを生徒に配付して読ませる。そして，それぞれの文がどんな状況を表しているのか，どの人物のことを言っているのか，それはいつのことかを生徒に語らせる。

　例　「なにかとても恐ろしいことがおこったのだ。でも，目に映るものはすべてふだんと少しもかわらない。外はいつものように暖かくて風の強い春の日だ。…と言っています。」
　　　「彼女の笑い声はヘリコプターと雷の響きにかき消された。…と言っています。」

　この作戦でアニマドールは，生徒の答えたことが合っていたかどうかは伝えない。だから，生徒たちは自分の読みが確かだったかどうか物語を個々に確認して自己評価し，今後の読みで留意すべき点を自覚することになる。読みが不足していた生徒は，再度本を読み込んで次の授業に臨む。

　(4)では，物語に書かれている原発事故が人々の健康に与えた影響や，社会生活に与えた影響を文中の表現から把握する。さらに，事故に対する作中でのドイツ政府の対応を取り出し，それについて，適切であったのか，ほかに方法があったとしたらどうすべきだったのか，生徒自身の考えを書き出させる。ここで多くの生徒は，避難時の規則や計画等の不在，避難設備や放射線障害者に対する病院設備がない実態について，文中に書かれている事実を指摘する。そして，チェルノブイリ原発事故があったにもかかわらず（物語は実際，この事故の後にドイツで原発事故が起こったという設定になっている），政府が適切な対策をとっていなかったこと，また，その失態について，「自分たちに全ての責任を取れと言わないでください」とする政治家の発言に異議を唱える。しかしながら，その後の「政治家を選出した国民の皆にも責任がある」という趣旨の政治家の発言について，生徒たちははたと立ち止まって考えることになる。「政治家の発言は確かに責任逃れである。だが，その政治家を選んだのは国民である」という事実は，3年後に選挙権を得る自分たちへの警告と捉えられることに気づくのである。このように，客観的な分析とともに，自分事としてこの教材に向き合うことで，生徒たちはより作品の深みに触れていくことになる。

　(5)はテクスト分析における最もスタンダードな学習の一つである登場人物の分析である。主人公であるヤンナ−ベルタと彼女に関わる人々の人物像を分析しながら，プロットに沿ってヤンナ−ベルタの心情を追っていく。ここで重要なのは，やはり，文章に書かれた情報を根拠とし，論理的に解釈していくということである。事故発生前，事故発生直後の避難中，救急病院での生活，父方の伯母であるヘルガに引き取られた後の生活，母方の叔母であるアルムートの家での生活，事故後初めて家を訪れた際の結末と，ヤンナ−ベルタの経験した出来事を追い，彼女の心情が少しずつ変化していく様を生徒たちは読み取っていく。その変化には様々な人々との出会い，関わりが大きく影響しているわけだが，ここでは，同じ出来事に対する人々の多様な考え方や行動等から，ヤンナ−ベルタに関わる人々の人物像をも浮き彫りにしていく。

　(6)ではこの物語の主題に迫る。普段，分析した主題について，分析文という形でパラグラフや小論文でまとめさせることが多いが，この学習では，調べ学習も含め，総合的に生徒自身が感じたこと，考えたことを自由に語らせ，書かせている。なぜなら，この物語の読みを物語の中だけで完結させず，調べて得た知識や身近で起きた福島原発事故をも併せて総合的に捉え，自ら課題を見出してほしいとの指導者の願いがあるからである。生徒たちからは，困難を乗り越えようとする生き方，原子力発電の可否，悲惨な事故を風化させてはいけないということなどが次々と語られる。自由に語らせる中で，邦題である『みえない雲』に言及する生徒も出てくる。原題の『Die Wolke』は「雲」という意味であり，『みえない雲』は訳者の高田ゆみ子氏の解釈が加わった表現である。生徒たちは加えられた「みえない」に着目し，「みえない」ものは，放射能はもとより，目には見えない悪，作中に描かれる相容れない人々との関係，さらには，大事なことが見えているのに知ろうとしない人々への警鐘と捉える。実際，タイトルのページをめくって目に飛び込んでくるのは「何も知らなかったとはもう言えない」と太字で書かれた副題である。このように，様々な観点から作品の本質に迫り，生徒たちは原発事故にまつわる諸問題を自分事として捉え，深く考えるようになっていく。

　(7)のフィルムスタディは日本ではあまり一般的ではないが，丸本分析の延長として同作の映画の分析を行うものである。本校では，8・9年生で行っており，原作と映画における登場人物の描かれ方の相違，文字による表現と映像による表現の相違等について，映画の全編を観て学習している。

　映画「みえない雲」は主人公ハンナとその恋人エルマー（原作のエルマーはヤンナ-ベルタのクラスメートで，医師を目指す優秀な生徒であったが，被爆して絶望し，自死している）を中心とし，原発事故後の街のパニック状況や人々の被爆後の状態を生々しく描く。原作を読み込み，分析した後だけに，生徒たちは映像に吸い寄せられるように入り込んでいく。時に，必要であれば停止して，映像やせりふの確認，原作との共通点や相違点の確認を行う。例えば，原発事故を知らせる ABC警報が学校内に鳴り響く直前，ハンナがエルマーを追って美術室に向かう途中で，廊下にかけられた大きな絵「ゲルニカ（ピカソ）」が映し出されるが，これはどのような絵で，なぜここでこの絵なのか，その意味を問う。また，ラストシーンは，被爆のため頭髪の抜け落ちたハンナの頭に産毛が生えてきたことをハンナとエルマーがともに喜び，2人が何もない一本道をドライブする場面が描かれるが，原作とは全く異なるその場面は一体何を象徴しているのかと投げかける。立ち止まらなければ気づかなかった演出や，象徴的な描かれ方に触れることで，生徒たちは脚本家や演出家の意図するところに思い至り，新たな発見をしていく。

　こうして映画の全編を観た後，まとめとして，個々に次のような課題に取り組ませる。

　①原作との違いは，どのような製作側のねらいによるものと考えられるか。

　②文字による表現と，映像・音声による表現とでは，受け手の捉え方にどのような違いがあるか。

　③もしあなたが映画監督だったら，この映画をどのように作るか。自由に書こう。

　生徒の反応は多種多様であり，それに正解，不正解はない。他者の意見を聞いて共感したり，異を唱えたりしながら自分の考えを整理していくことが重要

なのである。この課題で生徒が熱い思いを抱くのは③についてである。興味深いのは，以下のように，登場人物の恋愛の描写にはあまり必要性を感じない生徒が多く，もっと原作に忠実に描きたいとの意見が多いことである。

A「原発事故という非常に重い内容の映画を若者にもたくさん観てほしいとの願いが，ハンナとエルマーの恋愛を描く脚本に表れていると思われる。この映画のラストには，明るい未来を示すと捉えられるシーンも出てくるが，私はもっと，現実の悲惨さ，被爆した者に訪れるであろうつらい未来を忠実に描いて，原発事故の本当の恐ろしさを伝えたい。」

B「映画は登場人物がかなり限られている。原発反対運動をするアルムートが被爆して赤ちゃんを産むことを断念しなければならなかった現実。バカンスに出かけていて現状を的確に把握していないとはいえ，生還した孫を前にどこか他人事の祖母の様子。私はそれぞれの登場人物について丁寧に描きたい。」

C「私は，原作にはない恋愛を描くのではなく，ヤンナ−ベルタと彼女を取り巻く大人たちの心情，背景にある政府の対応を詳しく描きながら，ヤンナ−ベルタの葛藤や，それを乗り越えていく彼女の姿にスポットを当てて映画を製作したい。」

ここに，原発事故について調べ，原作を分析して得た，生徒たちの課題意識が表れているといえよう。

以上が丸本分析『みえない雲』の学習の流れである。この作品はドイツでも広く学校の授業に導入されているというだけあって，原子力発電所を抱える国の課題を生徒たちに問う，価値ある教材であるといえる。先に述べた通り，本校ではESD活動に取り組んでおり，その活動の目指すところである「地球規模の課題について目を向ける」という意味でも，『みえない雲』との出合いは生徒にとってたいへん意義深い。このように，教科以外の学びと有機的につながりながら，「言語力」をつけることによってより深く作品の本質に触れるこ

とができ，また，社会の抱える問題について考えることができるとの実感を生徒たちが持てたら幸いである。

おわりに

　言語技術科で育成する「ことば」による思考と表現の力は，教育活動すべてにおいて土台となるものである。本校の言語技術教育による「言語力」の習得が課題解決の力になるという経験や実感は，児童生徒に自信を持たせ，さらに学ぼうとする意欲を引き出す。先が見通せないほど変化の激しい現代社会において，あふれる情報の中から正しい情報を見極める力，論理的・分析的・批判的に思考して課題を解決していく力は，今後ますます重要となってくるだろう。このような時代を生きる子どもたちに確かな「言語力」を育み，課題を解決しながら自らの人生を切り拓いていく底力をつけるため，言語技術教育は必要不可欠なのである。

注

(1)　パラグラフ：トピック・センテンス（TS：主張・意見・結論・述べようとする事柄の予告など），
　　サポーティング・センテンス（SS：TSを支える定義，事例，根拠，説明などを示す複数の文），
　　コンクルーディング・センテンス（CS：結文）の3つの部分から構成される文章のまとまりのことである（三森，2013）。

参考・引用文献

梶田叡一責任編集・人間教育研究協議会編『教育フォーラム57　PISA型学力を育てる』金子書房，2016

梶田叡一責任編集・日本人間教育学会編『教育フォーラム66　PISA型読解力』金子書房，2020

三森ゆりか『大学生・社会人のための言語技術トレーニング』大修館書店，2013

グードルン・パウゼヴァング著，高田ゆみ子訳『みえない雲』小学館，2006

M・M・サルト著，宇野和美訳　カルメン・オンドサバル／新田恵子監修『読書へのアニマシオン75の作戦』柏書房，2001

特別寄稿

「世界市民」育成プログラムの開発の取り組み

大月　昇〇おおつき のぼる

はじめに

　関西創価高等学校は，1973年に大阪府交野市に女子校として開校し，10年目より男女共学となり，明年で開校50年を迎える。開校時より，「他人の不幸のうえに自分の幸福を築くことはしない」との信条を基として，平和社会の創造に少しでも寄与できる「学びの主体者」を育成しようと取り組んできた。

　文部科学省は，グローバル・リーダーの育成を図ることを目的として，2014年度よりスーパーグローバルハイスクール（SGH）を整備した。これは，大学，企業，国際機関等と連携して，グローバルな課題を発見・解決し，国際舞台で活躍する人材の育成に取り組む高校を指定し，教育的価値に優れたプログラムを開発・実践する事業である。

　本校は，SGHに参加することで，教育内容を向上させ，教育目標の実現に新たな一歩を踏み出せると考え申請し，2015年度の募集において採択された。それから認定期間の5年間にわたり，運営指導委員の梶田叡一先生（日本人間

教育学会会長，聖ウルスラ学院理事長）・米田伸次先生（日本ユネスコ協会連盟顧問）・朝野富三先生（元宝塚大学特任教授）のご指導を賜りながら，教育プログラムの開発に挑戦してきた。

「世界市民」育成プログラムの概要

　SGH事業のスタートにあたり，世界市民とは何か，その育成において身につけるべき資質・能力は何か，全教員で検討し，次のように定義した。
○世界市民とは
　「生命の尊厳」を基底に据え，いかなる国の人々とも誠実に交流・連帯できる「開かれた心」と実力をもち，世界のために貢献する人格である。
○世界市民の資質・能力
　①世界の人々のため平和のために貢献するとの「使命感」
　②他者の違いを理解し，尊重し，苦悩に寄り添う「共感力」
　③地球的課題を自分事として考え取り組む「問題解決への創造力」
　この検討会で教員が，ユネスコが「平和の文化」を築くために大切にしたい価値観として示した「わたしの平和宣言」6項目に刮目した。ユネスコは，2000年の「平和の文化国際年」を記念してノーベル平和賞受賞者らによって起草されたマニフェスト2000（「わたしの平和宣言」）への署名運動を推進した。至極当然と思われる内容でありながら「心の耕し」によってしか獲得できない向上目標である。
　①すべての生命を大切にします。②どんな暴力も許しません。③思いやりの心を持ち，助け合います。④相手の立場に立って考えます。⑤かけがえのない地球環境を守ります。⑥みんなで力をあわせます。——この6項目は，本校の教育信条を具体化するうえで大切な行動規範でもあると捉えている。
　「世界市民」育成プログラムとして，重視したのは知識の知恵化である。先に示した資質・能力は教師が教えて身につくものではないので教師は「学び」の伴走者として未知の課題に取り組み，得た知識を課題解決のためにいかに生

かすことができるか共に考え，対話を重ねる中で共に成長していくプロセスを
確立することである。おもなプログラムの内容を5つ紹介する。

（1）　GRIT（Global Research & Inquiry Time）……………………

　全校生徒で取り組む「総合的な探究の時間」であり，「世界市民」育成のメ
インプログラムである。月2回・土曜日に3時間を使い，「環境・開発・人権・
平和」の4分野に関する課題を探究する。各クラス数人ずつのチームをつくり，
課題について調べ，考え，話し合い，発表する。この取り組みの中で，シンキ
ングツールを使っての考察やジグソー法などの活動，プレゼンテーションの方
法も学んでいく。

　クラス担任だけでなく，全教員で担当し，アクティブ・ラーニングを実践す
る場でもあり情報を共有し合っている。しかし，担当してきた教科と違い，ほ
とんどの教員にとって未知の領域であり，当初は準備に大変多くの時間を要し
た。思った通りに展開しないこともあったが，熱意を持って取り組んでいくな
かで，生徒の興味関心は高まり，課題に対して「新たな問い」を立てて探究を
すすめるようになっていった。

　1年次は「知ること」に重点を置き，とくに国連が提起する持続可能な開発
目標であるSDGsについて学んだ。
〈プログラム例〉
　・環境活動家セヴァン・スズキのスピーチを視聴して，世界の現状を考える
　　（環境）
　・「貿易ゲーム」を通してフェアトレードを学ぶ（開発）
　・いじめについてシナリオディベート（人権）
　・核兵器禁止条約と安全保障について調べ話し合う（平和）
　2年次は「伝えること」に重点を置き，これまで学んできたことから，解決
策をまとめ発表した。6月，連携校である創価大学で，大学教員を前にプレゼ
ンテーションを行い，助言を受けた。中には手厳しいコメントもあり，悔しく

感じながらもブラッシュアップしている様子に，私たちも一層奮起した。

　2学期には関西圏の大学から院生を募り，リサーチやプレゼンテーションについてアドバイスを受けた。そして3学期に1年生の前でポスターセッションを行い，これまでの研究成果を発表した。

〈ポスターセッションの研究テーマ例〉

　・日本のジェンダー問題～LGBTQを考える
　・プラスチックごみを削減する生活
　・教育のインフラ整備がアフリカ発展の鍵
　・新型コロナウイルスと気候変動の関係
　・AI兵器の開発を止めるには

　3年次は，「合意形成」に重点を置き，MUN（模擬国連）に学年全体で取り組んだ。チームごとに一国を担当し，自分たちが担当した国の政治・経済や抱えている問題を調べ，その国の大使となって，模擬国連総会に臨む。議長をはじめ，運営もすべて生徒の手によって進められる。部活動として模擬国連部があり，同メンバーが企画・運営の中心となって行う。この活動で培った「探究力」が認められ生徒代表2名が全日本高校模擬国連大会で優秀賞を受賞し，国際大会に出場した（2016年）。それぞれの国の事情や思惑を超えて，問題解決

ポスターセッション

模擬国連総会

のために意見を戦わせ，交渉し，意見を集約していく過程からは「共感力」と
「問題解決への創造力」が培われたことを感じた。
〈模擬国連のテーマ〉
　SDGs のゴールと直結しており，１年次からの学びがすべて生かされるよう，
多面的なリサーチを行った。
　2016年「飢餓の終息に向けた農業分野での国際協力」
　2017年「ゼロハンガーをめざす食料流通システムの構築」
　2018年「安全で安価な飲料水の普遍的かつ衡平なアクセス」
　2019年「貧困により教育を受けられないすべての子どもへの公平かつ質の高
　　　　　い初等教育の実現」

（２）　UP（University Partnership）クラス …………………………
　GRIT で学んだことを深掘りするため，希望者を対象に行う「高大連携プロ
グラム」としての講座である。大学教員や国際機関の職員などを講師に迎え専
門的な知見を学ぶ。生徒たちの探究心が刺激されより高次の問いが生まれる機
会となった。
〈講座例〉
　・「Positive Peace」　ケビン・クレメンツ博士（オタゴ大学）

・「水惑星地球」　山敷庸亮教授（京都大学大学院総合生存学館）

・「統計学入門」　藤井大輔特任講師（東京大学大学院）

・「人間の安全保障」　中山雅司教授（創価大学）

（3）　LC（Learning Cluster）

　2・3年生の希望者の中から選抜し，1年間かけて地球的課題を探究し，提言作成まですべて英語で行う特別授業。出身国のちがうネイティブの英語科教員が複数で担当し，課題に対し様々な角度から生徒たちと討議する。

　LCに選ばれたひとりの生徒は，「第62回国際理解・国際協力のための高校生の主張コンクール」（主催：外務省，公益財団法人日本国際連合協会）で「文部科学大臣賞」を受賞し，副賞として国連本部とユネスコを訪問。探究してきた「発展途上国の水とトイレの供給」に関する研究を卒業後も続け，問題意識を友人たちと共有し触発し合っている。「いつか現地で居住する人々の願いを知り，共感力と想像力でインフラ整備に携わりたい」と熱い思いを語ってくれた。

（4）フィールドワーク（Field Work以下，FW）

　学んだ知識を体験化していくため，4つのコース別プログラムがある。希望者から選抜して行う。

・広島FW：8月6日の平和記念式典に合わせて実施。原爆資料館見学，広島女学院高校で開催されるピースフォーラムに参加。核兵器廃絶に向けた理念と行動を学ぶ。

・東京FW：国連大学，UNDP（国際連合開発計画）などの国際機関を訪問し，地球的規模の課題について，その成り立ちを専門的に取り組む方からレクチャーしてもらう。

・東北FW：東日本大震災の被災地を訪問し，東北大学での防災教育の講座を受講する。

・アメリカFW：アメリカ創価大学（ロサンゼルス）と連携して，カリフォルニア州立アーバイン校でのセッション，現地のユネスコスクールとの交

流を進め，国際理解を深める。

（5）各教科における取り組み例……………………………………………

地歴公民科では GRIT で取り扱う課題と関連した領域の学習を増やした。例えば「環境」「開発」分野の気候変動・食糧問題は「地理」の授業で，模擬国連における各国の国情については「政治経済」の授業で学習する。

国語科と英語科が協同して「アカデミック・ライティング」（論理的文章表現）の授業を開設した。3 年次の模擬国連総会後に，生徒はそれまでの学びと自身の考えをまとめ，日本語と英語でレポートを作成する。

SGH を振り返って

2017年に文部科学省による SGH の中間評価が行われ，56校の中で 4 校の一つとして最高評価を受けることができた。特に高い評価を受けた点は「探究のプロセスにのっとって事業が展開されており，教科で習得した学びを課題解決に役立てている」「探究型総合学習で生徒が積極的に運営に関わっており，生徒意識調査で多項目に亘り意識が向上している」（評価コメント）などであった。

〈生徒のアンケート調査から：2018年度生の入学時→卒業時を比較〉

「地球的課題への関心がある」　38.7%　→　80.6%

「地球的課題に関わっていきたい」　32.1%　→　78.4%

「将来，海外留学したい」　54.5%　→　78.3%

「身の回りで起こる問題に積極的に関わりたい」　51.8%　→　82.2%

〈教員のアンケートから〉

・生徒が学習の課題探究に「ねらい」を持ったとき，「学ぶ使命感」のようなものが現れた。その意欲に応えられる教員であるよう知識の吸収に努めた。

・生徒と協働して取り組む機会が増え，生徒が抱えている問題を身近に感じられるようになった。教員自身の共感力が高まった。

・生徒が地球的課題に対し「自分にできることは何かを考え行動しよう」

とする姿に教員として触発を受け，「創造的な取り組み」の入口を求めて
2018年の西日本豪雨の際には被災地へボランティアに行き，実感のある課
題意識を持つことを試みた。

　自分たちの学びを多くの人と共有したい，世界の高校生と意見を交わしたい
と願う生徒たちが増え，「高校生平和大使」（2019年），「世界津波の日」高校生
サミット（2016年・2017年・2018年・2019年），日米露3カ国の高校生による
核兵器廃絶問題に関する国際会議「クリティカル・イッシューズ・フォーラム
（CIF）」（2016年・2017年・2018年・2019年・2021年）などに応募し代表に選
ばれる生徒も現れた。

　また生徒会の活動として，古本を回収して国際人権NGOである「アムネス
ティ・インターナショナル日本」に寄付を続けてきている。地元の府立交野高
校の生徒会と合同で，「核兵器禁止条約」の締結を求める署名活動を行うなど，
生徒発の自主的な取り組みも増えた。

　一方，20％前後の生徒が，地球的課題の解決に対し「関わりたくない・あま
り関わりたくない」と答えており，その理由を問うたところ，「自分のことで
精一杯だから」「課題が大きすぎるから」「自分には苦しむ人を救える力がない
から」であった。知識として理解はしたが，行動する意欲の喚起にはつながり
にくいようである。ここは「触発し合うには対話しかない」と考え，使命感を
深め合うことが世界市民育成の大切な要素であると，多様な生徒の心に寄り添
い，励まし，生徒自身のエンパワーメントを引き出していきたい。

コロナ禍での新たな挑戦

　SGH指定期間が終了し，2020年度から校務の一つとして「世界市民教育推進
室」（以下，推進室）を設け，12名の教員でプログラムの開発に取り組んでい
る。しかし，年度初めから新型コロナウイルス感染予防のため，臨時休校となり，
オンラインによる授業となった。教員も生徒も慣れないオンラインでのやり取

りが続く中, あらためて学校教育のあり方を問われた。教科の授業時間を確保し, 時間の制約もあり GRIT の内容は大幅に変更せざるを得なくなった。FW も実施は不可能, 生徒が一堂に会して行う模擬国連総会は 3 密回避のため実施できない。推進室の教員は頭を抱えながらも,「危機の時こそ新たな創造のチャンス」と ICT の活用を工夫していった。

これまでプログラムのほとんどが少人数のグループワークであり, 話し合いを重視してきた。これを Google Classroom や Zoom を使ってオンラインで行えるようプログラムを改変した。生徒たちの共感力と発信力で活用の工夫は教員の予想を越え, 四苦八苦している教員まで励まそうと, 生徒の絆で編集された「応援歌や創造ダンス」の動画が送られてきたときは, 職員室が大きな拍手に包まれた。

国連は 2020 年に創設75周年を迎えたが, コロナ禍にあって SDGs の達成状況は大きく遅れており, グテーレス事務総長は, 個人・団体・地域・政府などあらゆる段階で行動を加速させねばならないと訴えている。推進室では, 一人ひとりの学びが行動につながるよう取り組もうと決め,「My SDGs in Action！」と名付けた運動を開始した。これは教員・生徒それぞれが SDGs のゴールと関連させた身近な目標を決め行動していくというものであり, 今後も工夫しながら継続していきたい。

2020 年 11 月, 3 日間にわたって開催された「ユネスコスクール・オンライン近畿地方子ども会議」に本校生徒 9 名が参加。近畿のユネスコスクールに通う児童・生徒とともに, 持続可能な学校・地域社会・世界づくりに向けた取り組みについて協議した。推進役の奈良教育大学の学生たちのサポートを受け,「近畿ユネスコスクール子ども宣言」を完成させた。この宣言の最後に「私たちは誰一人取り残さず, 地球に住むすべての仲間とともに協力し, 平和で幸せに暮らせる地球をつくります。課題の解決は一人ではできません。私たちは, 仲間をつくり, 仲間を広げ, 仲間とともに行動します」とあり, 育まれつつある世界市民の資質を感じた。

これまで各学期に 1 回,「グローバルシチズンシップセミナー」と銘打って

様々な分野の専門家や活動家の方を招いて，全校で講演会を催してきた。しかし，集会自体ができないので，各教室にWebカメラを設置し，Zoomによるオンラインセミナーを企画した。2021年1月，認定NPO法人テラ・ルネッサンスの創設者・鬼丸昌也氏の講演会を行った。テラ・ルネッサンスは，元子ども兵の自立支援をはじめ，平和社会構築のため活動している団体である。生徒からリアルタイムでチャットに次々とあげられた質問に応答してもらう方法で，臨場感あふれるセミナーとなった。

　また海外に行けなくても，時差の問題を調整することで，オンラインでつながることもできた。アメリカで「Black Lives Matter」の運動が激しくなっている中，キング牧師と共に行動し，人権運動に身を挺してきたローレンス・E・カーター博士（モアハウス大学キング国際チャペル所長）とのセッションが実現，黒人差別問題から平和について考える良い機会を得た。博士の豊かな表情がアップで映し出され，「願いと行動」を訴えるスピーチに生徒から「世界的な課題を少しでも実感できた。同じ人間としての立場で考えることができた」との感想があった。

最後に

　運営指導委員の梶田先生からはSGHの最終報告会において，参加した生徒と教員に次のようにエールを送っていただいた。

　「世界の変動は激しい。動いている社会に適応して身につけるべきものは身につけなければならない。しかし，皆さんが一番大切にしてほしいことは，人間としての強さ。人間としてのプライドです。うまくいこうといくまいと，つまずき転びながら進まざるをえない。悔しくても情けなくても一歩でも前に出ていく，自分の人生を自分で生きていく。周囲との同調圧力もあるでしょう。しかし我々の世界でどうやって我を鍛えていくか，自分力をどう身につけていくかです。グローバル教育には，心の耕しが不可欠で，その土台としての人間教育に取り組まれることを心から期待します」

　冒頭に記した「他人の不幸のうえに自分の幸福を築くことはしない」につい

ては，本校では単なる理念に終わらない，生徒の行動に表れる取り組みが続けられてきていると感じる。これは本校創立者の池田大作先生が生徒に語りかけてきた「創立の願い」であり，「世界市民の資質」として常に心がける生活指標にしていきたい。

　世界市民教育といっても目の前にいる一人の生徒の成長がすべてであり，そのために教師自身がたゆみなく学び，自らが世界市民の模範となるよう努力することであると，SGHやユネスコスクールの取り組みを通して実感している。

「自己教育性」と「学習状況」の関連を探る

「学びに向かう力」は「自己教育力」

宮坂 政宏○みやさか まさひろ

はじめに

　今次教育改革のキーポイントは「基礎的・基本的な知識及び技能を確実に習得させ，これらを活用して課題を解決するために必要な思考力，判断力，表現力等を育むとともに，主体的に学習に取り組む態度を養う」（小学校学習指導要領総則）ことであり，そのために「主体的・対話的で深い学び」を実現する授業を行う。前者の「主体的に学習に取り組む態度」は「学びに向かう力」と記され，後者の授業については「子供たちが，学習内容を人生や社会の在り方と結び付けて深く理解し，これからの時代に求められる資質・能力を身に付け，生涯にわたって能動的に学び続けることができるように……中略……『主体的・対話的で深い学び』の実現に向けた授業改善」（小学校学習指導要領解説総則編）とも記されている。これらの記述からも「主体的に学習に取り組む」「学びに向かう力」「能動的に学び続ける」と表現を変えつつも同じ内容について強調している。一方で日本人間教育学会の会長である梶田は早くから「自己教育力」

について言及しており，これらの力は，語弊を恐れずに言うともはや「不易」
かつ「慢性的」な課題となっているといえる。

　本稿では，永年にわたり求められ続けたこの課題を整理するとともに，梶田
が提唱した「自己教育性」を国が実施する全国学力・学習状況調査結果との関
連を調べることで，現代においても全く色あせることなく中心的な意味を持つ
ことを高校現場での調査・分析から明らかにしたい。

1　「生涯教育論」や「知識基盤社会」が原点

　教育政策において「自己教育」や「主体」，「学びに向かう」は過去から繰り
返し用いられてきた。

　主体としての生き方は比較的早い時期から議論されている。特に 1960 年代
以降，1965 年に P. ラングランの生涯教育論，1969 年にオロフ・パルメがヨー
ロッパ文相会議で提唱し OECD が 1973 年に発表した「リカレント教育」報告書，
1972 年のユネスコ教育国際開発委員会エドガー・フォール委員長の『Learning
to Be（未来の学習）』報告，など，生涯教育の流れ，あるいはドゥシャンやド
ラッカー（1969）らの「知識基盤社会」時代の節目を読んだ研究成果も背景に
ある。日本では 46 答申といわれる 1971 年の中央教育審議会答申（以後中教審）
「今後における学校教育の総合的な拡充整備のための基本的施策について」で
は「現代社会に生きる人間を取り巻く環境の急激な変化に伴って，<u>主体として
の人間のあり方</u>があらためて問われ，教育の役割がますます重要」「人間形成
とは，上述のように，人間が環境とのかかわり合いの中で<u>自分自身を主体的に
形作っていく過程</u>」「人間形成の根本問題は，今日の時代がひとりひとりの人
間によりいっそう<u>自主的，自律的に生きる力</u>をもつことを要求しつつある」「<u>自
主的</u>に充実した生活を営む能力，実践的な社会性と創造的な課題解決の能力と
を備えた健康でたくましい人間でなければならない。」（下線筆者，以下同）と
「主体」が問われる。また，同年の社会教育審議会答申「急激な社会構造の変
化に対処する社会教育のあり方について」（1971）では「（国民は）あらゆる年

齢階層を通じて，絶えず自己啓発を続け，人間として<u>主体的に</u>，かつ豊かに生き，お互いの連帯感を高めることを求めている」と同様に「主体」としての人間形成に言及している。この考え方は1981年の中教審答申「生涯教育について」でも受け継がれ「教育は，人間がその生涯を通じて資質・能力を伸ばし，<u>主体的な成長・発達</u>を続けていく上で重要な役割を担っている」「生涯学習のために，<u>自ら学習する意欲と能力</u>を養い，社会の様々な教育機能を相互の関連性を考慮しつつ総合的に整備・充実しようとするのが生涯教育の考え方」と述べると同時に「学校教育における生涯教育の観点の重視」として第一番目に「学習のための意欲，能力の涵養」を挙げ，以下の３点を掲げている。

①幼少年期：健康・体力つくりを科学的研究の成果を基に推進するとともに，<u>学ぶ意欲</u>を育て，物事を自ら進んで考え，そこに楽しみを見いだす

②小学校教育：まず児童の<u>学習意欲</u>の芽を育むことに教育の主眼を置き，具体的な活動を通じて学習指導を展開し，基礎的な知識・技能を修得させることを重視すべきである。また，児童の発達に応じて，一人一人が<u>自主的に学び</u>，活動する力を養う

③中学校，高等学校段階：<u>自己形成の責任は基本的に自らにある</u>ことを自覚

と各発達段階に応じた観点を挙げている点が注目される。

2 「自己教育力」を明記

そして1983年中教審教育内容等小委員会「審議経過報告」では以下の通り，初めて「自己教育力」が明記された。

「新たな変化や新たな課題に適切に対処するためには，<u>主体的に変化に対応する能力</u>をもち，個性的で多様な人材が求められるものと考えられる。<u>主体的に変化に対応する能力</u>としては，例えば，困難に立ち向かう強い意志，問題の解決に積極的に挑む知的探究心，主体的に目標を設定し必要な知識・情報を選択活用していく能力，自己を抑制し他者を尊重しつつ，良好な人間関係を築いていくことのできる資質などが重要視」される，という考え方を打ち出すとと

もに、「自己教育力とは、学習への意欲、学習の仕方の習得、変化の激しい社会における生き方の問題」である、として、特に中等教育段階で「予想される変転の激しい社会をたくましく生き抜く、自己教育力を備えた青年の育成をめざさなければならない」と明記した。「学びに向かう力」、とする今日の学習指導要領の基底にあるもの、といってもよい。

　さらに、この時期、我が国の抜本的な教育改革を目指して設置された臨時教育審議会「教育改革に関する第二次答申」(1986) の中では「学校教育においては自己教育力の育成を図り、その基盤の上に各人の自発的意思に基づき、必要に応じて、自己に適した手段・方法を自らの責任において自由に選択し、生涯を通じて行われるべき」「学校は生涯学習のための機関としての役割」「この観点から、初等中等教育段階においては、基礎・基本の徹底、自己教育力の育成、教育の適時性等に配慮する」「基礎的・基本的な内容の修得の徹底を図るとともに、社会の変化や発展のなかで自らが主体的に学ぶ意志、態度、能力等の自己教育力の育成」と述べ、表現は多少違うが、1983年の中教審の自己教育力の内容を踏襲している。臨時教育審議会の第4次答申（1987年）でもこの内容を簡潔にして、教育内容の改善の基本方向として「生涯にわたる人間形成の基礎を培うために必要な基礎的・基本的な内容の修得の徹底、自己教育力の育成を図る」と提起するとともに、学校教育の役割を「初等中等教育段階においては、基礎・基本の徹底、自己教育力の育成、教育の適時性等に配慮」することを求めた。

この政策の流れもあって、当時、全国の自治体では積極的に「自己教育力」を実践課題として取り上げていた。全国教育研究所連盟（1990）のなかで、自己教育力を臨時教育審議会に倣い「主体的に学ぶ意志、態度、能力」とし、具体的には「学習意欲」「学び方」「生き方」の三要素、10項目にまとめている。

3 「自己教育力」が「主体的学習」「自ら学ぶ意欲」に

　この後、自己教育力の文言は主体的、自ら学ぶ、に変わっていく。1987年の

教育課程審議会「幼稚園，小学校，中学校及び高等学校の教育課程の基準の改善について（答申）」で「<u>自ら学ぶ意欲と社会の変化に主体的に対応できる能力</u>の育成を重視すること」「生涯にわたる学習の基礎を培うという観点に立って，<u>自ら学ぶ目標を定め</u>，何をどのように学ぶかという<u>主体的な学習の仕方を身に</u>付けさせるように配慮する必要がある。その際，<u>自ら学ぶ意欲を育てる</u>ことが特に大切」「これからの<u>社会の変化に主体的に対応できる</u>よう，思考力，判断力，表現力などの能力の育成を重視するとともに，<u>自ら学ぶ意欲を高め主体的な学習の仕方を身に付けさせる</u>」ことがうたわれ，1989年の学習指導要領の総則「学校の教育活動を進めるに当たっては，<u>自ら学ぶ意欲と社会の変化に主体的に対応できる能力の育成を図る</u>」につながる。

　「ゆとり教育」答申とされる1996年の中教審答申「21世紀を展望した我が国の教育の在り方について」では「[生きる力]の育成を基本とし，知識を一方的に教え込むことになりがちであった教育から，子供たちが，<u>自ら学び，自ら考える教育への転換を目指す</u>」「生涯学習社会を見据えつつ，学校ですべての教育を完結するという考え方を採らずに，<u>自ら学び，自ら考える力などの[生きる力]</u>という生涯学習の基礎的な資質の育成を重視」と記されている。これを受けた教育課程審議会（1997）「教育課程の基準の改善の基本方向について」の教育課程の基準の改善のねらいで「発達の状況に応じて，知的好奇心・探究心をもたせ，<u>自ら学ぶ意欲と主体的に学ぶ力を身に付ける</u>とともに，論理的な思考力，判断力，表現力，問題を発見し解決する能力を育成し，創造性の基礎を培い，<u>社会の変化に主体的に対応し行動できる</u>ようにすることを重視」する，とした。ちなみに，ここまでの記述はこれまでとそう大きくは変わらないものの「これからの学校教育においては，自ら学び自ら考える力を育成するため，時間的・精神的にゆとりのある教育活動を展開」とした部分が後々「ゆとり教育」として大きな問題となる。この内容は1998年の教育課程審議会答申（「幼稚園・小学校・中学校・高等学校・盲学校・聾学校及び養護学校の教育課程の基準について」）でもほぼ踏襲され「発達の状況に応じて，知的好奇心・探究心をもって，<u>自ら学ぶ意欲や主体的に学ぶ力を身に付ける</u>とともに，試行錯誤をしなが

ら，自らの力で論理的に考え判断する力，自分の考えや思いを的確に表現する力，問題を発見し解決する能力を育成し，創造性の基礎を培い，社会の変化に主体的に対応し行動できるようにする」とされ，『学習指導要領』（1998年）には「学校の教育活動を進めるに当たっては，各学校において，児童に生きる力をはぐくむことを目指し，創意工夫を生かし特色ある教育活動を展開する中で，自ら学び自ら考える力の育成を図る」と記載されるにいたる。

　以上述べてきた1980年代から世紀末にかけては，サッチャー以降のネオリベラリズムやNPM（ニュー・パブリック・マネージメント：公共政策に民間の経営手法を導入），「評価国家施策」の下，公教育をめぐる政治状況と政策は大きく変化した。さらに，グローバル化・ボーダレス化，情報化，知識基盤社会の下，教育・人間形成に求められるものが変化した時期であった。世紀末にはOECDのDesecoプロジェクトに基づく「キーコンピテンシー」が提唱されるなど教育の変動期であったと言っても良い。

　余談だが，高等教育の改革もERASMUS プログラム（1987）（大学間交流協定等による共同教育プログラムを積み重ねることによってヨーロッパ大学間ネットワークを構築しEU加盟国間の学生流動を高める計画：文部科学省「留学生交流関係施策の現状等について」より）・ボローニャ宣言（1999）以来，その本来の意図とは異なる世界的な競争の文脈で盛んに求められた。1998年の大学審議会答申「21世紀の大学像と今後の改革方策について」では「課題探求能力」が「主体的に変化に対応し，自ら将来の課題を探求し，その課題に対して幅広い視野から柔軟かつ総合的な判断を下すことのできる力」として提言されている。1999年の「初等中等教育と高等教育との接続の改善について（答申）」では「『自ら学び，自ら考える力』を基礎に，主体的に変化に対応し，自ら将来の課題を探求し，その課題に対して幅広い視野から柔軟かつ総合的な判断を下すことのできる力である『課題探求能力』の育成」と述べられ，高等教育における「課題探求能力」と初中教育の「自ら学び，自ら考える力」との連続性が求められた。さらに2002年の中教審「新しい時代における教養教育の在り方について（答申）」では「教養教育は，個人が生涯にわたって新しい知識を

獲得し，それを統合していく力を育てることを目指す」とされ，特に幼・少年期における教養教育は「学ぶことの意義や目的を見出し，自ら進んで学び考え，物事に挑戦しようとする意欲や態度を育てる」ことが求められた。

　さて，2003年の中教審「新しい時代にふさわしい教育基本法と教育振興基本計画の在り方について（答申）では，「生涯にわたって自ら学び，自らの能力を高め，自己実現を目指そうとする意欲，態度や自発的精神を育成」するとともに「個人の主体的な意思により，自分の能力や時間を他人や地域，社会のために役立てようとする自発的な活動への参加意識を高めつつ，自らが国づくり，社会づくりの主体である」と新しい「公共」の創造をも意識した「主体」の方向付けが示された。さらに，この頃はPISA2000，2003における学力低下，が問題視され，特に学習意欲に課題があることが明らかにされていたこともあり，2003年の中教審「初等中等教育における当面の教育課程及び指導の充実・改善方策について（答申）」では「確かな学力」が打ち出された。「[確かな学力]とは，知識や技能はもちろんのこと，これに加えて，学ぶ意欲や，自分で課題を見付け，自ら学び，主体的に判断し，行動し，よりよく問題を解決する資質や能力等までを含めたもの」とされた。この後さらに2005年中教審「新しい時代の義務教育を創造する（答申）」で「自らの頭で考え，行動していくことのできる自立した個人」とされ，2008年の学習指導要領では「基礎的・基本的な知識及び技能を確実に習得させ，これらを活用して課題を解決するために必要な思考力，判断力，表現力その他の能力をはぐくむとともに，主体的に学習に取り組む態度を養」うこととされた。この後2016年中教審「幼稚園，小学校，中学校，高等学校及び特別支援学校の学習指導要領等の改善及び必要な方策等について（答申）」を経て現在の学習指導要領の3本柱に至っている。ちなみに，学習指導要領では「学びに向かう力」に関して，各教科の目標では「主体的な」と記されている。

4 「自己教育性」と学習状況調査

　以上，振り返ってみると，「主体的な学習」から「自己教育力」，そして「学びに向かう力」へと文言の変化はあったものの，同様の施策が受け継がれていることがわかる。ここで再考されるべきは今から約半世紀前に梶田が提起した「自己教育性」である。梶田は『自己教育への教育』（1985）の中で，自己教育力について①成長発展への志向，②自己の対象化と統制，③学習の技能と基盤，④自信・プライド・安定性──の4つの側面とそれぞれが内在する7つの視点から構成されると述べている。その後，梶田（1993）では自己学習能力は自己教育力に包含されることを示し，現行の学習指導要領の柱である「学びに向かう力」については，「『学びに向かう力』は，結局のところは自己教育の力である」（梶田，2019）と述べている。そこで筆者は梶田の自己教育性と今日の学力の背景指標ともいえる国の全国学力・学習状況調査との関連性について明らかにしてみようと試みた。

　これまで自己教育力に関しては小学校児童対象（浅田，1988など）のほか，大学生，教師，看護学生などを対象に数多く調査結果が示されている。ただ，「自己教育力」が初めて明記された1983年中教審審議経過報告で自己教育力の育成が求められたのは中等教育段階であったが，この中等教育段階特に高等学校における研究は筆者の調べたところ見当たらなかった。また，全国学力・学習状況調査との関連を調べた調査はほとんど見られなかった。そこで，高等学校生徒を対象とした自己教育性指標，並びに国の全国学力・学習状況調査を合わせて実施しその関連性について調べた。以下に調査の概要を記載する。

5 自己教育力と学力・学習状況

1．対象
　A県内の公立B高校生徒を対象とし，自己教育性調査では529人の有効回答，

成績では518人の有効回答を得た。

2．調査方法

調査は，無記名自記式質問紙調査とし，回収は高校の協力を得て，留置法を用いた。

3．調査期間

2019年8月

4．調査内容

質問項目は，対象の属性（性別，学年，成績，など），梶田の自己教育性指標（1985）のうち「成長・発展への志向」「自己の対象化と統制」「自信・プライド・安定性」3側面の30項目を4件法（「そう思う（1点）」～「そう思わない（4点）」）で実施。それに加え，国が実施した全国学力・学習状況調査（平成30年度版）のうち中学生対象の生徒質問紙のうち26項目について4件法（「そう思う（1点）」～「そう思わない（4点）」）で回答してもらった。生徒質問紙に関しては高校生に実施するため各教科に関する項目は外した。

5. 倫理的配慮

倫理的配慮として調査実施に当たって桃山学院教育大学の研究倫理委員会の審査・承認を受けた。質問紙は無記名で提出は自由意思，研究の主旨，回答は統計的に処理し個人が特定されることはないこと，結果を公表すること等を調査前に伝えた。

表1　自己教育性尺度と各生徒の成績の高群及び低群における平均値の比較

Variables	自己教育性得点			
	低群 (n=259)	高群 (n=259)	p	*<0.05 **<0.01
成績	2.436	2.618	0.032*	

表2　自己教育性尺度と全国学習状況調査各設問の高群及び低群における平均値の比較

p：2群間の平均値の差の検定にはt検定を行った。

Variables	自己教育性得点			
	低群 (n=263)	高群 (n=264)	p	*<0.05 **<0.01
学力調査結果との相関　高＞0.1				
先生は，あなたのよいところを認めてくれていると思いますか	2.019	2.227	0.004	**
学校の規則を守っていますか	1.700	1.598	0.126	
朝食を毎日食べていますか	2.038	2.190	0.115	
家で，自分で計画を立てて勉強をしていますか	2.726	3.198	0.000	**
家で，学校の宿題をしていますか	2.205	2.586	0.000	**
家で，学校の授業の予習・復習をしていますか	2.916	3.373	0.000	**
家で予習・復習やテスト勉強などの自学自習において，教科書を使いながら学習していますか	2.738	3.114	0.000	**
家の人（兄弟姉妹を除く）と学校での出来事について話をしますか	2.137	2.471	0.000	**
これまでに受けた授業や課外活動で地域のことを調べたり，地域の人と関わったりする機会があったと思いますか	2.576	2.935	0.000	**
地域や社会で起こっている問題や出来事に関心がありますか	2.378	2.783	0.000	**
新聞を読んでいますか	3.312	3.517	0.011	*
テレビのニュース番組やインターネットのニュースを見ますか（携帯電話やスマートフォンを使ってインターネットのニュースを見る場合も含む）	1.886	1.935	0.520	
これまでの授業では，課題の解決に向けて，自分で考え，自分から取り組んでいたと思いますか	2.369	2.665	0.000	**
これまでの授業で，自分の考えを発表する機会では，自分の考えがうまく伝わるよう，資料や文章，話の組立てなどを工夫して発表していたと思いますか	2.551	2.927	0.000	**
生徒の間で話し合う活動を通じて，自分の考えを深めたり，広げたりすることができていると思いますか	2.479	2.863	0.000	**
学力との相関　低＜0.1				
いじめは，どんな理由があってもいけないことだと思いますか	1.494	1.426	0.273	
毎日，同じくらいの時刻に起きていますか	1.856	1.840	0.845	
毎日，同じくらいの時刻に寝ていますか	2.049	2.259	0.016	*
将来の夢や目標を持っていますか	1.844	2.243	0.000	**
人の役に立つ人間になりたいと思いますか	1.681	1.840	0.032	*
今住んでいる地域の行事に参加していますか	2.574	2.871	0.002	**
地域や社会をよくするために何をすべきかを考えることがありますか	2.612	2.939	0.000	**
地域社会などでボランティア活動に参加したことがありますか	2.567	2.852	0.002	**
地域の大人（学校や塾・習い事の先生を除く）に勉強やスポーツを教えてもらったり，一緒に遊んだりすることがありますか	2.821	3.141	0.000	**
学校の授業時間以外に，普段（月曜日から金曜日），1日当たりどれくらいの時間，勉強をしますか（学習塾で勉強している時間や家庭教師に教わっている時間も含む）	4.447	5.034	0.000	**
学校の授業時間以外に，普段（月曜日から金曜日），1日当たりどれくらいの時間，読書をしますか（教科書や参考書，漫画や雑誌は除く）	4.609	4.782	0.236	

質問項目は梶田（1985）と教育課程研究センター「全国学力・学習状況調査（平成30年度版）」より作成

6．分析

　記述統計を算出し，次に対象の自己教育性，学習状況を集計。自己教育性は「成長・発展への志向」「自己の対象化と統制」「自信・プライド・安定性」各平均値の和の総得点を点数化した。この後，自己教育性の程度と記述統計のうち全国学力・学習状況調査の各項目の結果との差を比較するため，自己教育性の得点を中央値で高群及び低群に分け，各要因の平均値の差を比較しt検定を行った。

　統計学的有意水準は 0.05 未満と 0.01 未満の双方を算出した。

7．結果

　今回は紙幅の関係で主な結果を記載する。

　まず，表1に示した通り自己教育性得点の高低と成績の間には有意な関連性（p＝0.03）が見られた。

　また，同様に自己教育性得点の高低と，国の全国学力・学習状況調査各項目とは表2で示した通り，26項目中20項目で関連性があった。ちなみに表2は国が算出した学力テストと生徒質問紙の回答の相関が高いもの（相関＞0.1）とそれ以外（相関＜0.1）のものとを分けて記載した。

6　考察と今後の課題

　今回の調査結果によると，学びの背景を明らかにする国の全国学力・学習状況調査と梶田の自己教育性調査の結果が26項目中20項目で有意の関連性があったことから，全国学力・学習状況調査の各項目は，自己教育性を内在しているのではないか，と考えられる。梶田が述べる「『学びに向かう力』は，結局のところは自己教育の力である」ことが実証されたのではないか，と考える。もっとも詳細な分析は今後の課題である。筆者はB高等学校以外にも複数の調査を続けており，より正確な分析を実施したいと考えている。

参考文献

浅田匡「自己教育性の発達と構造」教育評価研究協議会編，梶田叡一責任編集『教育評価フォーラム１』

　金子書房，1988

P. F. ドラッカー著，林雄二郎訳『断絶の時代』ダイヤモンド社，1969

梶田叡一『自己教育への教育』明治図書出版，1985

梶田叡一『生き方の人間教育を——自己実現の力を育む』金子書房，1993

梶田叡一「自分をしっかりと持つ——コロナ禍に負けない〈自己のテクノロジー〉の鍛錬を」梶田叡

　一責任編集・日本人間教育学会編『教育フォーラム67』金子書房，2021

全国教育研究所連盟『子どもは創る—自己教育力への道 上巻』ぎょうせい，1990

特別寄稿

井上尚美先生を悼む

言語論理教育の先導者として

梶田 叡一○かじた　えいいち

【井上尚美先生の訃報に接して】…………………………………………………

　日本人間教育学会特別顧問の井上尚美先生が逝去された。格別な感慨がある。
　2021年3月初め，井上尚美先生の奥様から突然の御手紙を頂いた。何事か，
と急いで封を開けると，「このたび夫　井上尚美が急逝しましたので，私事なが
ら御知らせ申し上げます。」という言葉が目に飛び込んできた。驚きであった。「去
る2月16日，急に発熱，入院し治療を受けましたが，翌日急変，2月18日死去
致しました。死因は肺炎とのことでした。」とあった。享年91とのこと。私の
頭の中には，いつも若々しい井上尚美先生のお姿と，様々な場面でのお言葉が，
まさに走馬灯のように駆けめぐった。
　そう言えば，2021年元旦に頂いた年賀状には，「九十一年間は，お蔭様で楽
しいことが多く，後悔は少しでした。しばらく楽しんで生きます。」という添
え書きがあった。その少し前，2020年10月には，私の『自己意識論4　自己意
識と人間教育』（東京書籍）を謹呈させて頂いたのに対し，「次元の高い，しか

も広い視野からの御著，精力的なお仕事を続けられていることに深い敬意を感じています。悠々自適をしていた私は，すっかり衰えてしまいました。久し振りに読ませて頂いています」との御便りを頂いている。はっきりした自覚的意識を堅持されながら，まさに充実した御生涯を生き抜かれたのだなと，改めて思わされる。

　井上尚美先生は私の一回り上（12歳年長）の方であるが，いつも穏やかで謙虚な雰囲気を漂わせた方であった。私などにも同年配の友人であるかのように接してくださり，年若い研究者や学生に対しても，いささかも偉そうになさるところのない方であった。先生との中身の濃いお付き合いは，ベンジャミン・ブルーム等による「形成的評価とタキソノミー」に関する大部なハンドブックを，『教育評価法ハンドブック』『学習評価ハンドブック（上・下）』の3分冊の形で訳出し，日本の教育界にブルーム理論の具体を紹介しよう，という共同作業（第一法規，1973〜1974年）からであるから，50年近くになる。

　私は1971年の夏，ベンジャミン・ブルーム先生が主管され，スウェーデンのグレナで開催された6週間の国際セミナーに参加した。その翌年の1972年に，このグレナセミナーの御縁でブルーム先生が来日され，東京大学や文部省，国立教育研究所で講演された。井上尚美先生とは，この時の国立教育研究所での講演の席でお会いしたのが最初であった。

　2009年秋に頂いたお手紙の中で，井上尚美先生は，次のように回顧しておられる。

　　梶田さんとお知り合いになったきっかけは，ブルームが目黒の国立教育研究所で初めて講演した時でした。その後2人とも音楽が好きだということや，静岡大学附属浜松中学の研究会での発表資料に拙著の一部が掲載されていたことで親しくなり，『教育評価ハンドブック』の翻訳に誘って下さったことなど，いろいろと昔のことを思い起こしていました。……

　井上尚美先生に初めてお会いした時，先生は42歳，中学校の国語教師から

173

東京学芸大学の専任講師に転じられて間もない頃であった。東京大学文学部哲学科を卒業された先生がなぜ中学校の国語の先生をされていたのだろう，と訝しく思ったのを覚えている。ちなみに，井上尚美先生は東京学芸大学教授を定年まで二年を残してお辞めになり，国語教育の望月久貴先生の後を託されて創価大学教育学部に移られ，基礎作りのために尽力され，両大学から名誉教授の称号をもらっておられる。

【一般意味論の研究と論理国語への志向】 ……………………………………

初めてお会いした時，その年に刊行されたばかりの先生の処女作『言語・思考・コミュニケーション』(明治書院，1972年)を頂いた。この本では，コージブスキーが創始し，Ｓ・Ｉ・ハヤカワらが唱導した一般意味論が大きく取り上げられている。一般意味論とは「地図（言葉）は現地（事物そのもの）でない」ことを強調した上で，「記号」としての言葉のあり方を多面的に吟味し，自覚的に用いようとするものである。この本の終章「言語生活への反省」に，井上尚美先生は次のように述べておられる。

日本語の得意とするところは，何といっても，細やかな微妙な情緒を使い分けるところにある。こうした繊細な美しさは，今後も守り育てていかなければならない。そのためには，われわれ自身の言語に対する感覚を鋭く豊かにすることがたいせつである。

一方，日本語は，とかく論理的明確さに欠けているという欠点をもっている。これは……日本語自体の罪というより，日本人が論理を苦手としていたということによる。つまり日本語がもともと（構造の上から）非論理的なのではなくて，論理的に使う習慣がなかったのである。……われわれが論理を重んじる気風をもつことこそが，日本語を「明晰にして判明」なものにする道なのである。

その後，1974年に河野心理教育研究所から刊行された福沢周亮さんや平栗隆

之さんとの共著『一般意味論——言語と適応の理論』も頂いた。井上尚美先生
はこの本の巻末に「S・I・ハヤカワに会う」という文章を載せておられる。中
学校教師をされていた1968年，東京都から派遣され1年間の海外研修員をさ
れた際，州立サンフランシスコ大学（現在のカリフォルニア州立大学サンフラ
ンシスコ校）でハヤカワ学長代行から指導を受けておられた折のことである。
時は全米的に大学紛争の真っ只中，学生たちが大群衆となってデモをしている
中に1人っきりで乗り込んだ日系老紳士ハヤカワ先生は，学生たちのマイクを
奪い取って沈黙させたこと，その後警官隊を導入して一気に学内を正常化して
しまわれたことなどの武勇伝である。この強引な措置に井上尚美先生はどうし
ても同意できず，ハヤカワ先生と何度も議論されたことが述べられている。興
味深いエピソードである。

　S・I・ハヤカワの名前は，当時日本でも有名であった。大久保忠利訳の『思
考と行動における言語』（岩波書店，1965年）を，私自身何度も読み返してい
た時期だったので，特に面白く読ませて頂いたことを覚えている。

　井上尚美先生は，こうした土台の上に「言語論理教育」を提唱された。その
具体像の一部は，『教育フォーラム38号』（金子書房，2006）に載せられた論考「ど
のような〈言葉の力〉を育成するか」の次のような叙述からも窺われるのでは
ないであろうか。

　「読み」というのは，本来，個人的な作業である。したがって，「読み」の
指導の究極の目標は，教師の手を離れて「自力読み」ができる能力を身につ
けさせることにあるといえよう。……「自力読み」とは，結局のところ「自
問自答」しながら読むことにほかならない。そこで自問自答態勢をどうつく
るかが問題になってくる。……
　教師からの発問を次第に子どもへと移行させ，子ども自身が自問しながら
読むように仕向けること。……「この文章では何がわかればいいのか」「作
者は何を訴えようとしているのか」を考えさせること。……その一例を挙げ
れば，

（ア）「イツ・ドコ・ダレ・ナニ」と問う（延長していけば，時代背景，社
　　会的状況の認識などへと連なる）

（イ）「ナゼ・ドノヨウニ」と問う（理由，根拠）

（ウ）「自分ガ作中人物ダッタラ」と問う（同化・異化へと連なる）

（エ）「証拠ヤ事例ナドガ他ニナイカ」と問う（批判・吟味に連なる）

　井上尚美先生は，ブルーム先生らによる「認知領域のタキソノミー」を，論理的思考力を育てる国語教育の構築のために活用しようと努力された。「タキソノミー」における，知識・理解・応用・分析・総合・評価，といった認知能力の基本的レベル分けに注目しながら，知識・理解を基盤として応用から評価までに至る種々の思考力（高次の認知能力）をどのように働かせるか，いろいろと検討され，提言された。論理的思考力といっても様々なレベルのものがあること，それをどのような教材を用いて，どのような活動によって育成していったらいいか，にこだわっておられたのである。中学校の国語教師をしてこられた御経験が，先生の言語論理教育の提案の大きな土台となっていることを，様々な折に痛感させられたことである。

　このことに関連して，先に引用した2009年秋のお手紙の最後の方に，井上尚美先生は，次のように述べておられる。

　少し前に鎌田首治朗さんから『真の読解力を育てる授業』という本を頂きました。「目標分析」に真正面から取り組んでいる先生がおられることを心強く感じました。各教科書会社から出ている指導書に，こういう観点を取り入れてくれるといいと思っているのですが，そうはいかないようです。つまり小・中の先生方の方が面倒くさいと敬遠してしまうという現実があるからでしょう。でも一度作成すれば，あとは毎年それを改良すればいいのだからと思いますが，やはり先生方の意識がそこまでいかないようです。その根本原因は忙しさにあるようです。文科省も，もう少し先生方の負担を減らすことを考える方が日本の教育をよくするのに役立つと思います。梶田さんの御

努力に期待するところ大です。……

　井上尚美先生は，これからの日本人がより一層論理的に思考し対話し問題解決していけるよう，教師自身の常日頃の研鑽を通じて現実の教育が大きく前進していくことを念願され，そのための理論的実践的な提案を終生続けてこられた方である。今は井上尚美先生の志を我々で受け継ぎつつ，残された論考や提案を繰り返し味わい，先生の永遠の安息を祈りたいと思う。

合掌

あ と が き

　新型コロナウイルスの蔓延がなかなか収束せず，日本各地の学校も教育活動そのものに大きな制約を受けている。そして教師も子どもも，友だちとの親密な時間を制限され，三密回避やマスク着用，手洗いの励行などうるさく言われる状況が続き，気持ちの晴れない日々を余儀なくされている。そうした中だからこそ，「心の耕し」のことを考えてみたい，「心を耕す」取り組みに気持ちを向け直したい，というのがこの特集の趣旨である。

　思い起こせば20数年前，当時沖縄カトリック学園中学校で教鞭をとっておられた渡邊泰夫さん（現賢明学院中学高等学校副校長）が，何年間か続けて校内研修の講師を務めた私の講話から，人間教育的な要点を抜き出して整理し，書家に揮毫を依頼し，額に入れて贈ってくださったことがある。タイトルが「心の耕し」であり，以下の文言が連ねてあった。

　心の耕し
　一、体力が気力を生む／早寝早起きをすること／よく歩くこと
　二、気力が決心を育てる／黙思黙想すること／我慢すること
　三、対処する力が積極性を生む／嫌なことに進んで挑むこと／やりかけたことは最後までやりぬくこと
　四、積極的な人生観が道を切り拓く／先頭に立つ勇気を持つこと／自分が燃えて周りを照らすこと

　教科書中心の教科学習を積み重ねていくだけでは見過ごされがちな，人間教育の重要な視点の表現と言ってよいであろう。本号では，ありがたいことに執筆者の方々からそれぞれの視点・立場に立って，「心の耕し」の具体的あり方についての貴重な提言をいただいている。心からの感謝を表したい。

（梶田叡一）

日本人間教育学会News

　日本人間教育学会は，会員の皆様，また，その趣旨にご賛同いただける方々のご協力をいただき，7年目を迎えました。昨年度は，新型コロナウイルスの流行から十分な学会活動を計画することが難しく，学会員の皆様にもご心配をおかけいたしましたこと，お詫び申し上げます。本年度も，新型コロナウイルスの感染者数の推移を見据えながらの学会活動となることと存じます。引き続き，先生方のご協力のほど，よろしくお願い申し上げます。

1．本年度の学会活動予定につきまして

　現在，新型コロナウイルスのワクチン接種が全国的に進められており，本年度は多くの方が接種を終えられることと思います。しかし，新型コロナウイルスのワクチン接種によって，どの程度感染を予防可能かについては，まだ明らかとなっていません。このような状況から，厚生労働省においても，ワクチン接種後も3密を回避すること，マスクの着用や消毒の励行などを引き続き推奨しています（https://www.cov19-vaccine.mhlw.go.jp/qa/0040.html）。この点を踏まえ，本年度開催予定の第7回大会はリモート開催で実施させていただきます。発表予定の先生方におかれましては，ご自身の発表内容をPowerpoint等でご作成の後，ナレーションを入れていただき動画化したファイルを学会幹事会までメール等でご送付いただく予定です。日程やリモート開催の方法などの詳細につきましては，決定後速やかにメーリングリストおよびホームページにて周知させていただきます。

2．学会誌『人間教育学研究』第8号　投稿申し込みにつきまして

　学会誌『人間教育学研究』第8号につきましては，現在投稿申し込みについて準備を進めさせていただいております。発刊は令和4年2月下旬を予定しています。現在，投稿様式の簡略化，および，投稿用のフォーマットファイルの作成を進めております。完了次第，会員の皆様に周知した上で，投稿を受け付けさせていただきます。執筆にあたっては，ご送付させ

ていただく最新の投稿要領を必ずご参照くださいますよう改めてお願いいたします。投稿要領指定の書式以外で投稿された場合，投稿論文を不受理とし，原稿を差し戻させていただく場合がありますのでご注意ください。現在，ホームページ上（https://www.ningenkyoiku.org/）の投稿要領にて原稿をご準備の先生方は，大変申し訳ありませんが様式が変更される可能性がありますこと，予めご了承ください。

３．会員情報の更新について

　本学会に登録いただいている学会員情報について，登録時からご変更が生じた際は，学会メールアドレス（ningenkyouiku@gmail.com）までご一報ください。特にメールアドレスは，学会情報の送信など学会員の皆様と直接連絡させていただく際に重要ですので，ご協力のほど，よろしくお願いいたします。

４．おわりに

　日本人間教育学会は，その前身の人間教育研究協議会を含め，一貫して日本の教育における人間教育の重要性について，実証的研究と教育実践の双方から知見を蓄積して参りました。その歴史は，本学会長の梶田叡一先生の研究史と重なる部分があります。今春，梶田叡一先生の研究史をまとめた「自己意識論集（全５巻）」の第５巻『内面性の心理学』が発刊されました。また，梶田叡一先生・浅田匡先生・古川治先生が監修された『人間教育の教授学』が今年発刊されました。日本人間教育学会の学会員の先生方が多数執筆され，好評をいただいております。同時に，本誌『教育フォーラム』および学会誌『人間教育学研究』には，最新の研究知見や教育実践を豊富に掲載しております。是非合わせてご一読いただき，昨今のICT教育の急速な導入の中での，教育者としての「自分磨き」の一助となれば幸いです。コロナ禍においても，子どもたちの自分事の学びをできるだけ保障すべく，日本人間教育学会は活動を進めてまいります。学会活動に興味をお持ちの方は，学会ホームページよりご連絡ください。

（文責：高木悠哉）

日本人間教育学会入会の呼びかけ

この度，人間としての真の成長を願う「人間教育」の実現を目指す教育研究を推進するために，日本人間教育学会を発足することとなりました。

「人間教育」の理想は，子どもたちと教育者双方の人間的な成長を視野に入れた理論と実践の対話によって実現するものであると考えています。この方向での研究は，これまで教育学，教育哲学，教育心理学，教育社会学，教育実践学等々の専門分野で行われてきましたが，本学会は学際的にこうした諸研究の統合的発展を目指していきたいと願っています。

「人間教育」の理想の実現のために本学会は，子どもたちの学力保障と成長保障の両全を目指すと共に，教育者自身のあり方も問いたいと考えています。このことは，師弟関係における師たるものの生き方，あり方を根本的な意味で重視するものであり，教育者自身の人間的な面での研鑽を目指すことでもあります。

日本の教育は，常に厳しい教育的課題と向き合い，それに真摯に取り組む中で進んできました。そうした中で，ときに日本の学校，教師は，時々の教育的課題や教育の流行に翻弄されることもありましたが，私たち日本人間教育学会は，教育の万古不易の面を強く意識し，一時の流行に流されることのない主体的思考を堅持して教育課題や教育問題を考えていきたいと願っています。日本人間教育学会は，複雑で重要な教育問題，教育的課題ほど，単一の正解はないという教育の特質を踏まえ，この国の未来が教育の中にこそあるという熱い思いを堅持し，学校，教師の疑問や悩みと真剣に向き合う学会として進んでいく決意をしています。そのため，学校と教室における教育成果にこだわり，教育学研究を基礎研究から重視することと共に，研究者と実践者の対話，コラボレーションによる授業提案や日本の教育に求められる実践，取組の提案も重視します。

このような本学会の趣旨に賛同し，共に自身を謙虚に磨く決意に満ちた教師，大学教員の方々に広く入会を呼びかけます。

みなさん，日本人間教育学会に入会し，教育のあり方の根本に思いをいたし，研究者として，また教育者として，共に自らの人間性を磨き合っていこうではありませんか。

日本人間教育学会　入会申込書

※会員番号 ☐☐☐☐☐☐

申込日　　　年　　月　　日
※幹事会記入欄

会員種別＊	正会員　・　学生会員	入会年度	年度

	姓（Last name）	名（First name & Middle name）
名　前		印
名前（カナ）		
名前（英字）		
生年月日	西暦　　年　　　月　　　日	性　別＊　　　　男　・　女
連絡先＊	所属　・　自宅	＊会員種別・性別・連絡先は該当するものを○で囲んでください ＊連絡先は、会報等の送付先となります

◆所属先◆

名称・学部 （部署）		職名	
所在地	（〒　　　―　　　）		
	TEL	内線：	FAX

◆自宅◆

住　所	（〒　　　―　　　）	
	TEL	FAX

◆メールアドレス◆　※携帯電話のメールアドレスは登録できません。

E-mail	

◆学歴◆

最終学歴		西暦　　　年	卒業 修了
専門分野			

◆指導教員◆　※学生会員として申し込む方は、指導教員の情報をご記入ください。

お名前	
所　属	

日本人間教育学会幹事会（桃山学院教育大学内）
〒590-0114　大阪府堺市南区槇塚台4-5-1
TEL：072-288-6655（代）
FAX：072-288-6656
担当：宮坂政宏　MAIL：miyasaka@andrew-edu.ac.jp

日本人間教育学会会則

〈名称〉

第1条　本会は，日本人間教育学会と称する。

第2条　本会の会務を遂行するために幹事会と事務局を置く。幹事会と事務局は，当分の
　　　　間会長所属の大学内に置く。

〈目的と事業〉

第3条　本会は，子どもたちと教育者の人間としての成長を願う「人間教育」の実現のため，
　　　　教育に関わる諸学，例えば教育哲学，教育心理学，教育社会学，教育実践学等々
　　　　の学際的対話，諸研究の統合的発展を目指し，日本の教育課題に正対し，子ども
　　　　たちの学力保障と成長保障を目指し，子どもたちと教育者それぞれが〈我の世界〉
　　　　を生きる力と〈我々の世界〉を生きる力の双方の涵養，研鑽を目的とする。

第4条　本会は，前条の目的達成のために次の事業を行う。

　　　　(1) 学会誌『人間教育学研究』と『教育フォーラム』の編集発刊

　　　　(2) 研究発表会，講演会等の開催

　　　　(3) その他の必要な事業

〈会員〉

第5条　本会の会員は次の4種とする。

　　　　(1) 正会員

　　　　　　本会の目的に賛同し，会長の承認のもと，所定の会費を納めたもの。

　　　　(2) 学生会員

　　　　　　将来教員を志す学部（短大・専門学校を含む）の学生，また真摯に本学会で自
　　　　　　己研鑽を目指す志のある学生で，指導教員の承諾を得て，会長の承認のもと，
　　　　　　所定の会費を納めたもの。

　　　　(3) 賛助会員

　　　　　　本会の趣旨に賛同する団体で会長が認めたもの。

　　　　(4) 特別会員（特別顧問）

　　　　　　本会の充実・発展に特に寄与するものとして，会長が認めたもの。

　　　2　本会に入会しようとする者は，必要事項を記入した申込書を事務局に提出し，
　　　　会長の承認を経て会員として認められる。学生会員については，指導教員の承
　　　　諾印が必要である。

　　　3　退会しようとする者は，文書によりその旨を事務局に申し出，会長の承認を経て，
　　　　当該年度末をもって退会とする。なお，所定の会費を2年以上納入しない者は，

退会となる。

第6条　本会の会員は，学会誌『人間教育学研究』に投稿し，また研究発表会その他の行事に参加することができる。投稿規定は別に定める。

第7条　本会の正会員，特別会員は，学会誌『人間教育学研究』と『教育フォーラム』の配付を受けることができる。学生会員と賛助会員は，学会誌『人間教育学研究』の配付を受ける。また，学生会員は正会員，特別会員の指導助言を受けることができる。

〈役員〉

第8条　本会に，次の役員をおく。

　　(1) 会長

　　(2) 幹事長

　　(3) 理事

　　(4) 幹事

　　(5) 学会誌『人間教育学研究』編集長

　　(6) 監事

　2　会長は，本会を代表する。

　3　会長は，幹事長，理事，幹事，学会誌『人間教育学研究』編集長を任命する。

　4　会長に事故ある場合には，予め会長が指名した順にその職務を代行する。

　5　会長は，理事会の招集，開催を必要に応じて行う。理事会は，会長から提案された年間の予算，決算，事業計画，事業報告を議する。幹事会は，理事会の議を経た年間の予算，事業計画を遂行する。

　6　幹事長は，会長の指示の下，幹事会を構成し，本会の運営にあたる。なお，必要に応じて事務担当をおくことができる。

　7　監事は会計，及び事業遂行の監査にあたる。監事は会長が委嘱する。

　8　役員の任期は2年とし，会長は役員任期終了前に次期役員を任命し，定期総会で報告する。なお，各役員の再任を妨げない。

第9条　本会に幹事会をおく。

　2　幹事会は，前条第1項第4号の委員並びに事務担当をもって構成し，幹事長がこれを代表する。

　3　幹事会は，学会誌『人間教育学研究』発刊に対して必要な意見を編集長及び編集委員に述べ，発刊が円滑に行われるようにする。

　4　幹事会は，会長の指示を受け，幹事長の下，日常の学会活動を効果的，円滑的に運営する。

第10条　本会は，学会誌『人間教育学研究』と『教育フォーラム』を発刊する。

　　2　会長は，学会誌『人間教育学研究』編集長を任命する。学会誌『人間教育学研究』は，編集長と，会長が任命した編集委員によって行う。その際，会長の指示を受けた幹事会の意見を生かし，円滑に発刊できるようにする。

　　3　会長は，『教育フォーラム』を編集する。幹事会は，会長の指示を受け，『教育フォーラム』を円滑に発刊できるようにする。

〈総会〉

第11条　本会は第3条の目的を達成するために，年1回，日本人間教育学会総会を開催する。また，会長が必要を認めた場合には臨時総会を開く。総会は正会員，学生会員，賛助会員をもって構成し，議事は正会員出席者の過半数の同意をもって決定する。

〈会計〉

第12条　本会の経費は，会員の会費及びその他の収入による。

　　2　本会の会費は，付則の定めるところによる。

　　3　本会の会費は，前納するものとする。

　　4　本会の会計年度は4月1日より翌3月31日までとする。

〈改正〉

第13条　本会則の改正は，会長が行い，総会において発表する。

【付則】

　　1．会費は，以下のものを納める。

　　　正会員　　　　5,000円

　　　学生会員　　　2,500円

　　　賛助会員　　　一口10,000円

　　2．本会則は，平成27年10月18日より発効する。

●執筆者一覧 （執筆順）

梶田叡一 （かじた・えいいち）　　日本人間教育学会会長，聖ウルスラ学院理事長

古川　治 （ふるかわ・おさむ）　　桃山学院教育大学人間教育学部客員教授

鎌田首治朗 （かまだ・しゅうじろう）　桃山学院教育大学人間教育学部学部長・教授

湯峯　裕 （ゆみね・ひろし）　　桃山学院教育大学人間教育学部教授

二瓶弘行 （にへい・ひろゆき）　　桃山学院教育大学人間教育学部教育監・教授

菅井啓之 （すがい・ひろゆき）　　元京都光華女子大学こども教育学部教授

岡本祐佳 （おかもと・ゆか）　　長岡京市立長岡第五小学校教諭

山本万莉菜 （やまもと・まりな）　京都市立西京極西小学校教諭

伊﨑一夫 （いさき・かずお）　　関西福祉大学教育学部教授

中村　哲 （なかむら・てつ）　　桃山学院教育大学人間教育学部客員教授

比嘉　悟 （ひが・さとる）　　桃山学院教育大学副学長・教授

阿部秀高 （あべ・ひでたか）　　森ノ宮医療大学保健医療学部教授

寺尾　正 （てらお・ただし）　　大阪教育大学 名誉教授

今西幸蔵 （いまにし・こうぞう）　高野山大学文学部教育学科主任兼特任教授

渡部久美子 （わたべ・くみこ）　　聖ウルスラ学院英智小・中学校研究主任・

　　　　　　　　　　　　　　　　教務部長

大月　昇 （おおつき・のぼる）　　関西創価高等学校副校長

宮坂政宏 （みやさか・まさひろ）　桃山学院教育大学企画室長 （兼任講師）・大阪市立

　　　　　　　　　　　　　　　　大学大学院博士課程

教育フォーラム68

心の耕し
豊かでタフな人間性の涵養を

2021年8月31日　初版第1刷発行　　　　　　　　　　　　　　　　検印省略

責任編集　　　　梶田叡一
編集ⓒ　　　　　日本人間教育学会
発 行 者　　　　金子紀子
発 行 所　　株式会社　金子書房
　　　　　　〒112-0012　東京都文京区大塚3-3-7
　　　　　　TEL 03-3941-0111　FAX 03-3941-0163
　　　　　　振替　00180-9-103376
　　　　　　URL　https://www.kanekoshobo.co.jp
印刷／藤原印刷株式会社
製本／一色製本株式会社

ISBN 978-4-7608-6018-0 C3337　　　　　　　　　　　Printed in Japan